Kauderwelsch

Band 42

Der
Reise Know-How Verlag Peter Rump GmbH
ist Mitglied der Verlagsgruppe

REISE KNOW-HOW

Kauderwelsch

Französisch Slang
das andere Französisch

Hermann Kayser

"L'autre jour il y a un de ces zigotos, qui entre chez moi.
Sa bécane était nase et il voulait du blé!"

(aus der Fernsehwerbung einer Bank)

Kauderwelsch Band 42
Französisch Slang, das andere Französisch
von Hermann Kayser

REISE KNOW-HOW Verlag Peter Rump GmbH
Hauptstraße 198
D-33647 Bielefeld (Brackwede)

© Peter Rump (Hrsg.)
Konzeption, Gliederung und Layout wurden
speziell für die Reihe "Kauderwelsch" entwickelt.
Sie sind urheberrechtlich geschützt.

4., nochmals erweiterte Auflage 1997
ISBN 3-89416-017-9 (DM 14,80)

Bearbeitung: Peter Rump

Gestaltung: Michael Blümke

Zeichnungen: Stefan Theurer

Druck & Bindung: Fuldaer Verlagsanstalt GmbH, Fulda

ALLE RECHTE VORBEHALTEN
PRINTED IN GERMANY

Dieses Buch ist in jeder Buchhandlung der BRD, Österreichs, der Niederlande und der Schweiz
erhältlich. Bitte informieren Sie Ihren Buchhändler über folgende Bezugsadressen:
BRD: Prolit GmbH, Postfach 9, D-35461 Fernwald (Annerod) und die Barsortimente
Schweiz: AVA-buch 2000, Postfach, CH-8910 Affoltern
Österreich: Mohr Morawa GmbH, Sulzengasse 2, A-1060 Wien
Benelux: Assimil Benelux, 5-7 Rue des Pierres, B-1000 Bruxelles

---

Wer im Buchhandel kein Glück hat, bekommt unsere Bücher gegen Voreinsendung des
Kaufpreises plus 4.50 DM für Porto und Verpackung (Scheck im Brief) bei:
Rump-Direktversand, Heidekampstr. 18, D-49809 Lingen (Ems)

Der Verlag will die Kauderwelsch-Reihe ausbauen und **sucht Autoren** für:
Balinesisch, Hessisch, Singhalesisch, Spanisch für Peru

Inhalt

Vorwort	8
Was ist französische Umgangssprache?	9
Gebrauchsanweisung	11
Noch mehr zur Umgangssprache	13
faire des bornes (Unterwegs)	18
faire la bringue	
Nachts in der großen Stadt	24
Rumhängen oder was losmachen	24
Trinken: l'apéro au bistro	26
blau, grau oder schwarz?	28
pipi - caca: Toilette & Co.	29
Essen: aller au resto	31
Und danach ...	34
le fric - les sous (Rund um's Geld)	35
Leute, die man trifft	38
le zapping (Die Medien)	43
boulot et dodo (Rund um die Arbeit)	45
Salut la zone!	
Begrüßung / Verabschiedung	49
rumquatschen	50
Die Jugend von heute ... und ihre Sprache	51
Die Sprache, die aus dem Bauch kommt	
Kaputt!	63
Ab ins Bett! / krank sein	65
Kein' Bock	66
Alles Scheiße!	68
Schnauze voll! / Ich bin am Ende!	71
Ich hab' Probleme. / Pech gehabt	72
une vraie bête	
Starker Typ, tolle Frau	74
spitze, irre, affengeil	76
ça va barder (Spannungen und Streit)	78
il est niais (Beleidigungen und Schimpfwörter)	82
faire un mimi (Liebe und Sex)	86
Literaturhinweise	98
Register	99
Der Autor	112

Kauderwelsch "Slang"

Die Sprache des Alltags – ohne wenn und aber:

Michael Blümke
Italo-Slang
– das andere Italienisch
ISBN 3-89416-300-3

Hans-Jürgen Fründt
Spanisch Slang
– das andere Spanisch
ISBN 3-89416-247-3

Hermann Kayser
Französisch Slang
– das andere Französisch
ISBN 3-89416-017-9

V. Sierra-Naughton
British Slang
– das andere Englisch
ISBN 3-89416-037-3

Das, was man in der Schule lernt, ist eine Sache, das, was die Leute wirklich sprechen, ist eine andere.

Die Slang-Bände der KAUDERWELSCH-Reihe vermitteln die heute gesprochene Alltagssprache, ohne ein Blatt vor den Mund zu nehmen. Wörter, Sätze und Ausdrücke, die man in Kneipen, Discos, auf der Straße oder im Bett hört und sagt. Die Sprache der Szene und des "einfachen Mannes". Umgangssprache, die man kaum im Wörterbuch findet und garantiert nicht in der Schule gelernt hat.

Jeder Band bietet ca. 1000 Stichworte zum täglichen Gebrauch, erklärt, ehrlich übersetzt und praxisorientiert geordnet. 96-128 Seiten, mit vielen originellen Comics illustriert.

●Kostenpunkt: DM 14,80

REISE KNOW-HOW Verlag Peter Rump Verlag GmbH, Bielefeld

Zum Geleit

Liebe Leser, bei der Lektüre dieses Buches bitten wir Sie, Folgendes zu bedenken: Es ist selbstverständlich, daß die Ausdrücke in diesem Buch nichts mit unserer Einstellung zu tun haben. Das gilt besonders für Schimpfwörter und beleidigende Ausdrücke. Es liegt ausdrücklich nicht in unserer Absicht, daß die aufgeführten diskriminierenden Ausdrücke verwendet oder verbreitet werden. Wir haben sie aufgelistet, weil es sein kann, daß man ihnen begegnet (in Filmen, Büchern oder auf der Straße) – und verstehen sollte man, was man hört. Diese Sammlung erhebt keinen Anspruch auf Vollständigkeit.

Vorwort

So wie der "American-Slang"-Band der Kauderwelsch-Reihe in den amerikanischen Slang einführt, so soll dieser Band einen kleinen Überblick über die französische Umgangssprache geben.

Er richtet sich an Frankreich-Reisende, die zwar über ein Minimum an französischen Sprachkenntnissen verfügen, die aber nicht regelmäßig Kontakt mit dem französischen Alltag haben oder die sich nicht so lange in Frankreich aufgehalten haben, daß sie in den 'Code' des Umgangsfranzösisch eingeweiht sind. Wenn man sich nämlich als harmloser Reisender (oder als Neuzugereister) auf französischen Boden begibt, merkt man schnell, daß es eine Vielzahl von Situationen gibt, in denen man mit dem mühsam erlernten (und meist schon wieder vergessenen) Schulfranzösisch nicht mehr folgen kann: wenn man Gesprächen beim 'Epicier' (dem Lebensmittelhändler) oder im Bistro an der Ecke lauscht, sich mit einem erregten Unfallgegner oder Fußballclubanhänger auseinandersetzen muß, wenn man ein Exemplar der Zeitschrift "Charlie-Hebdo", des "Canard Enchaîné" oder des "Echo des Savannes" in die Hände bekommt oder auch einem Live-Interview am Fernsehen oder am Radio folgen will.

Es geht uns hier also um das **gesprochene Alltagsfranzösisch**, auf das man allerdings manchmal auch in schriftlicher Form trifft.*

* Wer übrigens bisher vergeblich versucht hat, das Zitat auf Seite 3 zu übersetzen, dem sei hier die (ziemlich wörtliche) Übersetzung geliefert: "Neulich gab's da einen von diesen komischen Typen, der zu mir reinkam. Seine Mühle war kaputt, und er wollte Kohle."

Was ist französische Umgangssprache?

Was französische Umgangssprache eigentlich ist, ist schwer zu sagen, und die Wissenschaftler streiten sich natürlich darüber. Da gibt es das **français argotique** (in seinen verschiedenen Spielarten, die nach Region, Stadt, sozialer Gruppe, Stadtviertel etc. variieren), das **français familier,** das **français parlé,** das **français branché** etc. Einige Ausdrücke (mit den Anmerkungen **arg.** oder **fam.** versehen) findet man auch in manchen Wörterbüchern. Aber diese sind dann schon von der Académie Française, die allmächtig darüber entscheidet, was gutes und was schlechtes Französisch ist, gnädig in das offizielle Französisch aufgenommen worden.

In diesem Band verstehen wir unter **Umgangsfranzösisch** eine Sprachebene, die jeder Franzose (auch wenn er sie nicht selbst gebraucht) versteht, die die meisten im alltäglichen Umgang miteinander benutzen und auf der sich, für den ausländischen Touristen, Ausdrücke, die nicht im Wörterbuch auftauchen, mit solchen, die man nachschlagen kann, ganz selbstverständlich vermischen.

Uns geht es hier um die Ausdrücke und Wendungen, die meistens nicht in den Wörterbüchern stehen, die unserer Meinung nach aber ein wesentlicher Bestandteil der französischen Alltagskultur sind. Der Beweis dafür ist, daß es dem Ausländer, der diese Sprachebene beherrscht, passieren kann, daß ihm anerkennend auf die Schulter geklopft wird: "Du sprichst wirklich Französisch wie ein Franzose!"

Ein großer Teil dieser Ausdrücke gehört zur Vulgärsprache, die mehr oder weniger weit verbreitet ist; das soll heißen: Manche sprechen überwiegend so, andere benutzen sie nur im engsten Bekanntenkreis oder in Extremsituationen (Stichwort "Straßenverkehr"). Es handelt sich um die sogenannten **"expressions de cul"** (wörtl.: "Arsch-Ausdrücke"), und die Übersetzung mit "vulgärsprachliche Ausdrücke" ist hier in keinem Fall wertend gemeint!

Die letzteren wurden hier vor allem gesammelt, damit der harmlose Reisende versteht, was ihm ein freundlicher Franzose da u. U. scheinheilig lächelnd an den Kopf wirft. Mit der eigenen Verwendung dieser Ausdrücke sollte man aber sehr vorsichtig sein. Es sei denn, man weiß, was man sagen will, wie man es sagen will, und vor allem, wem man es sagt. Und selbst dann kann man immer noch nicht sicher sein, daß es in der Situation auch so verstanden wird, wie man es meint: Die Verwendung deftiger Ausdrücke in einer Fremdsprache wird im allgemeinen als nicht so drastisch empfunden wie in der eigenen Muttersprache, der Adressat kann das aber ganz anders sehen!

Die **Umgangssprache** zeichnet sich nicht nur durch ein bestimmtes Ausdrucksniveau aus. Hinzu kommt, daß auch die Grammatik häufig vereinfacht wird und auch die Aussprache nicht immer dem erlernten Schulfranzösisch entspricht. Das kann manchmal das Verständnis erleichtern, manchmal aber auch erschweren. Die folgenden Grammatik-Hinweise sollen da helfen:

● In der Umgangssprache werden nicht alle **Zeiten** bei der Beugung der Verben benutzt. Die Gegenwartsform ("le présent"), die mit **"aller"** gebildete Form der nahen Zukunft ("le futur proche") und - für die Vergangenheit - die Perfektform ("le passé composé") sind die am meisten benutzten Zeiten, mit denen man auskommt.

● Bei den mit **"ne ... pas"**, **"ne ... personne"**, **"ne ... rien"** usw. gebildeten Verneinungsformen wird fast immer das **"ne"** weggelassen. Beispiel: **"J'ai rien fait."** / **"Je vais pas venir avec vous."**

● Im Alltagsfranzösisch werden sehr häufig **Silben weggelassen** oder zusammengezogen ("kontrahiert"), vor allem wenn das erste Wort auf einen Selbstlaut endet und das folgende mit einem Selbstlaut beginnt: **"T'as pas une clope?"** (**clope** = Zigarette)

                   "J'sais pas c'qu'tu veux!" (gesprochen: "Schäpasktüwö")

Da in diesem Band viele kurze Beispielsätze angeführt werden, um die Verwendung eines Wortes oder Ausdrucks im alltagssprachlichen Zusammenhang darzustellen, sollte man diese Punkte auch bei der Benutzung dieses Büchleins im Hinterkopf behalten. Damit kommen wir zum Aufbau und zur Benutzung dieses Bandes.

Ausführliche Anleitungen zum schnellen Erlernen der wichtigsten grammatischen Grundbegriffe und Vokabeln der französischen Sprache findet man im Kauderwelsch-Band 40 "Französisch Wort für Wort".

Gebrauchsanweisung

Wie bereits gesagt, wird der Frankreich-Reisende mit diesem Umgangssprachniveau in allen möglichen Alltagssituationen konfrontiert. In manchen Situationen kann er Ausdrücke hören, die zwar nicht unbedingt vulgär, aber typisch für diese sind. Allerdings gibt es auch solche Wendungen und Formulierungen, die tatsächlich zum **"argot"** (Straßen-Slang) gehören und auch typisch für ein Thema oder eine Situation sein können, aber dennoch äußerst unfein sind.

Im **ersten Teil** dieses Bandes werden einige dieser typischen Situationen und Themen vorgestellt mit den jeweils typischen französischen Ausdrücken. Die "harmlosen" und die "eher vulgären" sind jedoch nicht getrennt aufgelistet. Ganz besonders vulgäre Ausdrücke sind mit einem * versehen.

Im **zweiten Teil** geht es dann um "echte" umgangssprachliche, und dabei im wesentlichen um die vulgären Ausdrücke. Sie sind nicht so sehr für bestimmte Situationen des Alltags typisch, sondern sie dienen eher dazu, bestimmte Gefühle zum Ausdruck zu bringen: Wenn jemand seinem Ärger Luft macht, sich abwertend über jemanden äußert, jemanden beschimpft, beleidigt usw. Die "schlimmsten" dieser Ausdrücke sind wieder durch * gekennzeichnet.

Eine Reihe dieser an sich vulgären Wörter können in bestimmten Situationen aber auch das Gegenteil meinen und durchaus eine anerkennende oder positive Bedeutung bekommen. Das kommt natürlich ganz auf den Zusammenhang an. Ein Wort wie **"salaud"** (Scheißkerl) kann sowohl beleidigend als auch anerkennend gebraucht werden.

Andererseits gibt es auch Wörter, die, wenn sie nicht in ihrem eigentlichen Zusammenhang verwendet werden, eine ganz andere Bedeutung erhalten. So drückt z. B. das Wort **"putain"** (Nutte) in einer bestimmten Situation ausgerufen, Anerkennung oder Erstaunen aus, zusammen mit anderen Schimpfwörtern oder Beleidigungen dient es als Verstärkung, z. B.: **"putain de merde"** (verdammte Scheiße).

Am vorangegangenen Beispiel kann man außerdem sehen, daß manche umgangssprachlichen Redewendungen, will man sie wörtlich übersetzen, eine ganz andere Bedeutung erhalten oder sogar vollkommen unverständlich sind. In diesen Fällen ist zusätzlich zur entsprechenden freien deutschen Übersetzung die wörtliche Übersetzung in Klammern angegeben. So heißt z. B. die wörtliche Übertragung von **"putain de merde"** "Nutte von/aus Scheiße", aber das ist im Französischen ja nicht gemeint.

Wir haben in jedem Fall versucht, die entsprechende deutsche Übersetzung der Ausdrücke und Wendungen zu finden und sie dem französischen Sprachniveau anzugleichen. Das war nicht immer ganz einfach, da man sehr schnell das Gefühl hat, daß die französische Sprache viel differenzierter und reichhaltiger ist und nicht so drastisch klingt. Die deutsche Entsprechung entspringt daher immer einer subjektiven Auswahl des Autors, die jedoch durch kompetente Deutsche und Franzosen bestätigt bzw. korrigiert wurde.

Im **Anhang** sind alle Ausdrücke stichwortartig und alphabetisch geordnet aufgelistet. Hört man z. B. den Ausdruck **"ça m'a coûté la peau des fesses"** findet man unter **"fesse"** die entsprechende Seitenzahl angegeben.

Noch mehr zur Umgangssprache

le franglais

Es ist nicht neu, daß viele Sprachen Wörter aus dem Englischen oder dem Amerikanischen entliehen haben. Dies gilt selbstverständlich auch für das Französische. Diesen speziellen Jargon nennt man **franglais**: Er ist aus **français** (französisch) und **anglais** (englisch) zusammengesetzt. Viele Franzosen benutzen in allen Bereichen des Alltags solche anglo-amerikanischen Leihwörter; vor allem die jungen Franzosen finden diese Ausdrucksweise ganz toll.

Typisch für das Französische ist, daß die Übernahme dieser Ausdrücke soweit geht, daß sie sogar französisch ausgesprochen werden. Teilweise klingt das so eigenartig, daß man sie kaum wiedererkennt:

le joint	*(shoañ)*	der Joint
le D.J.	*(dehscheh)*	der Discjockey
un rocker	*(rokör)*	der Rocker
le flirt	*(flört)*	der Flirt
le must	*(möst)*	ein Muß
cool	*(kuhl)*	easy
flipper	*(flipeh)*	rumflippen
le mixage	*(mikßash)*	die Mischung
le walkman	*(uakman)*	der Walkman

Die für die "Reinheit" der französischen Sprache verantwortliche Académie Française hat sich über diese **'anglicismes'** schon einmal so aufgeregt, daß beschlossen wurde, sie ganz aus dem Bereich der audiovisuellen Medien zu verbannen und durch entsprechende französische Wortneuschöpfungen salonfähig zu machen. So sollte z. B. das Wort **le walkman** ersetzt werden durch **le baladeur** (wörtl.: Wanderer).

Natürlich läßt sich die Eigendynamik einer Sprache bekanntlich nicht aufhalten. So werden immer neue Wörter aus dem Anglo-Amerikanischen entlehnt. Dies betrifft vor allem den Bereich der Wirtschaftssprache, z. B.: **le know-how, le meeting, le monitoring, le partnering, le briefing.**

Diese "Französisierung" der englischen Sprache kann natürlich auch zu seltsamen Blüten führen, die zum Teil sehr poetisch, aber auch in ihrer Bedeutung sehr verdichtet wirken. Beispiel aus einem französischen Chanson: **une fille manhattanisée** (ein Mädchen im "Manhattan-Stil").

Übrigens ...

... hat die Vorliebe der Franzosen, Worte aus einer Fremdsprache zu entleihen, auch vor dem Deutschen nicht haltgemacht.

So stößt man überraschend, vor allem in den Medien, auf deutsche Wörter, die in die französische Sprache übernommen wurden (oder gerade werden). Offensichtlich haben einige dieser Ausdrücke etwas typisch Deutsches an sich!

Le krach (... an der Börse), **le blitzkrieg, le führer, l'anschluss, anschlusser, le waldsterben, la realpolitik.**

Ab- und Verkürzungen

Ein weiteres allgemeines Phänomen der französischen Sprache ist der Gebrauch von Ab- und Verkürzungen. Ich denke dabei weniger an die Abkürzungen durch Buchstabenkombinationen, die zwar auch für viele Frankreichreisende ein Rätsel sein werden, die aber kein typisches, umgangssprachliches Merkmal sind, abgesehen von einigen auch schriftlich zu findenden Verkürzungen: **K7** ("K-sept"=Cassette).

Charakteristisch für die Umgangssprache ist vielmehr, daß bei mehr oder weniger langen Wörtern eine oder mehrere Silben am Wortende wegfallen. Dieses Prinzip ist jedoch in vielen Sprachen so verbreitet, daß es zu einem Phänomen der gesprochenen Sprache überhaupt geworden ist.

Natürlich ist es unmöglich, alle gebräuchlichen Verkürzungen systematisch aufzulisten. In den einzelnen Kapiteln findet man jedoch immer wieder verkürzte Ausdrücke, die für den umgangssprachlichen Wortschatz typisch sind, zum Beispiel:

le loub(ard)	der Halbstarke
le pédé(raste)	der Schwule
la pute (putain)	die Nutte
impec(cable)	ordentlich (Sauber!, Klasse!)
sympa(thique)	sympathisch, nett
sensas (sensationnel)	sensationell (super!)
extra(ordinaire)	außergewöhnlich (Echt geil!)
le max(imum)	das Maximale
le clodo (clochard)	Clochard
le toxico(mane)	der Drogenabhängige
l'ado(lescent)	der Jugendliche

Verkürzungen im allgemeinsprachlichen Vokabular kommen natürlich auch vor. Hier einige Beispiele:

la télé(vision)	das Fernsehen
le resto(rant)	das Restaurant
le ciné(ma)	das Kino
le bac(calauréat)	das Abitur
le frigo (frigidaire)	der Kühlschrank
la pub(licité)	die Werbung
le prof(esseur)	der Lehrer
la manif(estation)	die Demonstration
l'expo(sition)	die Ausstellung

le verlan

Seit langem schon gibt es in Frankreich eine ganz besonders unzugängliche Umgangssprache, die mehr einem Geheimcode ähnelt: das **verlan.** Bei dieser höchst eigentümlichen "Sprache" ist der Trick, die Silben der Wörter zu vertauschen oder zu verdrehen. Angeblich ist dieser Code spezifisch für bestimmte Milieus, insbesondere bestimmter sozialer (Rand-)Gruppen in Paris, nicht zuletzt der Pariser Halb- und Unterwelt, und es wird übrigens auch nur von sehr wenigen Franzosen verstanden. Einige dieser Wörter und Wendungen werden jedoch auch von vielen Jugendlichen gebraucht:

chébran - (branché)	voll drauf (eingestöpselt)
C'est bléca - (câblé)	Alles geritzt! (verkabelt)
Laisse béton! - (tomber)	Laß sausen! (fallen)
la turvoi (voiture)	das Auto
la meca (came)	die Droge
le repe (père), la reme (mère)	der Vater, die Mutter

faire des bornes

Unterwegs in Frankreich

Reisen heißt in Frankreich natürlich – wie auch in Deutschland – hauptsächlich die Fortbewegung per Auto. Auch für Franzosen ist das Auto das liebste Kind, und das Straßennetz ist in Frankreich fast so gut ausgebaut wie in der Bundesrepublik, die Landschaft ist nur noch nicht so zubetoniert.

Auf den Autobahnen **(les autoroutes)** ist das Tempo auf 130 km/h begrenzt, woran sich die Masse der Autofahrer und -fahrerinnen allerdings nicht unbedingt hält. Es soll jedoch Radarfallen geben!

Zwangsläufig muß man sein Tempo reduzieren, wenn man in einen Stau, **un embouteillage** (Flaschenabfüllung) oder **le bouchon** (Korken/Stopfen), gerät, was regelmäßig zu Beginn der Ferienzeit in unglaublichem Ausmaß der Fall ist.

Wichtig zu wissen ist, daß die Autobahnbenutzung in Frankreich kostenpflichtig ist. Regelmäßig gerät man vor den großen Städten an Gebührenzahlstellen, **les péages,** an denen der Verkehrsfluß unterbrochen wird und an denen jeder für die zurückgelegte Strecke die Autobahnbenutzungsgebühr bezahlen muß.

l'entrée / la sortie d'autoroute	die Autobahnauffahrt / -abfahrt
la direction	die Richtung
le panneau	das Schild
le croisement	die Kreuzung
le resto-route, le restoroute	die Autobahnraststätte
le parking	der Parkplatz
la station d'essence	die Tankstelle
prendre de l'essence	tanken
faire le plein	volltanken

le super / l'ordinaire	das Super-/Normalbenzin
le diesel	der Dieselkraftstoff
sans plomb	bleifrei
libre service	Selbstbedienung
le garage	die Werkstatt
le centre(-ville)	die Stadtmitte, die Innenstadt
la banlieue	der Vorort, der äußere Stadtrand
le bidonville	heruntergekommene Wohn- und Schlafstadt
la Z.U.P. (Zone à Urbaniser en Priorité)	Wohnsiedlungsgebiet am Stadtrand, Trabantenstadt
la Z.I.P. (Zone à Industrialiser en Priorité)	Industriegebiet (meist mit Wohngebieten verbunden)

Auf den Landstraßen erster, zweiter und dritter Ordnung (man kann sie an ihrer 1-, 2- oder 3stelligen Ziffer erkennen), **les Routes Nationales (R.N.)** oder kurz **"les nationales"** genannt, ist die Geschwindigkeit auf 90 km/h begrenzt. Manche dieser Straßen sind allerdings zu autobahnähnlichen Schnellstraßen **(les voies rapides)** ausgebaut, auf denen die Geschwindigkeitsbegrenzung gesondert ausgeschildert ist.

Bis auf ein paar Ausnahmen ähneln sich die deutschen und französischen Straßenbeschilderungen. Sehr häufig sieht man das merkwürdige Verkehrsschild mit der Aufschrift **"RAPPEL"**. Hier wird nicht vor Schlaglöchern gewarnt, sondern es bedeutet soviel wie 'Erinnerung' (an die für diesen Straßenabschnitt gültige Verkehrsvorschrift). Ebenso mysteriös mag das Hinweisschild **"PHARES"** sein, das man vor allem nach Tunneldurchfahrten sieht. Es bedeutete nichts anderes, als daß die Autofahrer nunmehr ihre Scheinwerfer wieder ausschalten sollen.

l'entrée du village	der Ortseingang
la sortie du village	der Ortsausgang
prendre un raccourci	eine Abkürzung fahren
la déviation	die Umleitung
le bled	das (abgelegene) Kaff
C'est la brousse ici!	Das ist ja eine gottverlassene Gegend (die Wildnis / der Urwald) hier!

faire de l'autostop

Trampen ist in Frankreich generell möglich. Es wird aber immer schwieriger, schnell eine Mitfahrgelegenheit zu finden, da die französischen Autofahrer und -fahrerinnen immer mehr Angst vor unliebsamen oder unangenehmen Bekanntschaften haben. Inzwischen gibt es in jeder größeren Stadt allerdings Mitfahrgelegenheitsorganisationen (z. B. **"Allô Stop"**), an die man sich wenden kann.

faire du stop/de l'autostop	trampen
l'autostoppeur	der Tramper
l'autostoppeuse	die Tramperin
prendre un autostoppeur	einen Tramper mitnehmen

la bagnol - la moto

Der fahrbare Untersatz ist vielen Franzosen sehr ans Herz gewachsen, selbst wenn er zu Hause stehen bleibt und man mit Bus, Zug oder Metro zur Arbeit fährt. Verständlich, daß sich ein großer Bereich der Umgangssprache um dieses Thema dreht.

la bagnole	die Karre
la caisse, la tire	die Kiste
la deudeuche	der (Citroën) 2 CV
la bécane	das Moped/kleine Motorrad
la mob	das Motorrad
la meule	die Mühle
le vélo	das Fahrrad
le clou (Nagel)	der Drahtesel
le poids lourd (schweres Gewicht)	der Brummi (LKW)

C'est une bonne occase!	Das ist ein Schnäppchen!
appuyer sur le champignon (auf den Pilz drücken)	aufs Gas treten
le feu	die Ampel
brûler/griller un feu (ein Feuer verbrennen/grillen)	bei Rot über die Ampel fahren
rouler comme un pied	wie eine besengte Sau fahren
une borne	ein Kilometerstein
faire des bornes	weit fahren/Kilometer fressen
se garer	parken
se garer en double file	in zweiter Reihe parken
faire un créneau (eine Schießscharte machen)	rückwärts einparken

Der natürliche Gegner des Autofahrers bleibt natürlich **le gendarme,** der Verkehrspolizist, der den ohnehin gestreßten Verkehrsteilnehmern das Leben noch schwerer macht.

| **le flic** | der Bulle |
| **Sale flic!** (schmutziger Polizist) | Scheiß Bulle! |

Mit dem zweiten Ausdruck sollte man den Polizisten natürlich nicht beschimpfen, denn das ist auch in Frankreich strafbar, während **flic** durchaus als Berufsbezeichnung durchgeht.

la pervenche	die Politesse
la prime	das Strafmandat
(die Prämie)	
une contredanse }	ein Knöllchen
un papillon	
(Schmetterling)	
choper une contredanse/	ein Knöllchen bekommen
(ergattern) **une prime**	

le chemin de fer

Wem es zu beschwerlich, zu gefährlich oder zu teuer ist, mit dem Auto zu reisen, der kann den Zug nehmen, es sei denn, die staatliche französische Eisenbahngesellschaft **S.N.C.F.** wird 'gerade mal' wieder bestreikt. Am schnellsten fährt man mit dem **T.G.V. (Train à Grande Vitesse),** dem Superschnellzug mit 285 km/h Reisehöchstgeschwindigkeit, der allerdings bisher nur größere Städte verbindet.

S.N.C.F. (Société Nationale des Chemins de Fer Français)	Staatliche Französische Eisenbahngesellschaft – Steht an allen Bahnhöfen und überall, wo man Zugfahrkarten kaufen kann.
le billet (de train)	die Zugfahrkarte
composter (un billet)	entwerten (an Automaten)
le rapide, l'express	der Schnellzug (Typ Intercity)
le train local	der Ortsverkehrzug
le train de banlieue	der Vorortzug
R.E.R.	S-Bahn in Paris
le supplément	der Zuschlag
la couchette	der Liegewagen
le wagon-lit	der Schlafwagen
aber:	
la voiture	der Eisenbahnwaggon
louper/rater son train	seinen Zug verpassen

faire la bringue

Nachts in der großen Stadt

Wenn man als Fremder nächtens an unbekanntem Ort landet, kann man sich ganz schön verloren fühlen. Vor allem kleinere und mittlere französische Städtchen (also fast alle Provinzstädte) sind nachts menschenleer und wie ausgestorben.

Je me suis paumé(e). (verloren)	Ich habe mich verlaufen.
Je me suis gouré(e). (verirren)	Ich hab' mich verirrt.
Je me suis planté(e). (eingepflanzt)	Ich hab' mich verfranst. (auch: Ich hab' was falsch gemacht.)

Rumhängen oder was losmachen

Und wenn man sich die Nacht nicht auf dem Bahnhof um die Ohren schlagen will (wovon abzuraten ist), dann sucht man eine Schlafgelegenheit (nicht immer im Hotel) oder ein Plätzchen zum Unterkommen:

Je ne sais pas où crécher.	Ich weiß nicht wo ich pennen kann.
T'as pas une crèche? (Krippe/Wiege)	Kann ich bei dir pennen?
se pieuter, aller au pieu	sich in die Falle/Kiste hauen
traîner	rumhängen
zoner	sich rumtreiben
Il se démerde./Il va se démerder!/ **Il se débrouille.** (entwirren)	Der wird schon klarkommen!

Es ist natürlich viel interessanter, die Nacht anders als schlafend zu verbringen. Etwas zu unternehmen ist angesagt!

se mettre sur son 31	sich fein machen
faire la bringue, bringuer / faire une virée	einen drauf machen, einen saufen gehen
se faire une sortie (sich einen Ausgang machen)	was unternehmen/abends weggehen
sortir le soir/la nuit	abends/nachts was losmachen
se faire un plan délire	irrsinnig 'was losmachen
s'éclater (platzen)	total abfahren / die Sau rauslassen
C'est le pied! (das ist der Fuß)	das macht einen Riesenspaß! / einen Orgasmus haben
aller au théâtre	ins Theater gehen
aller à l'opéra	in die Oper gehen
le cinoche	das Kino (umgangsspr.)
aller voir un film	sich einen Film ansehen gehen
se faire une toile (sich ein Gemälde machen)	sich einen Film angucken
se faire un plan ciné	ins Kino gehen
aller danser	tanzen gehen
la boîte (die Büchse)	die Disco
sortir en boîte	in die Disco gehen
aller au bordel	ins Bordell gehen
aller voir les putes	zu den Nutten (auf den Straßenstrich) gehen

Abends ausgehen ist für einen Franzosen mit einem umfangreichen Programm verbunden: Apéritif trinken, Essen gehen, ins Kino, in die Disco oder in eine Bar gehen etc. Eine Kneipenkultur wie in der Bundesrepublik gibt es in Frankreich nicht! Es gibt **bistros** und **cafés,** die man aber hauptsächlich tagsüber besucht und die meistens schon zwischen 20.00 und 21.00 Uhr schließen. Aber bis dahin kann man hier beim Apéritif, dem **apéro,** richtig zuschlagen.

Trinken: L'apéro au bistro

le bistro(quet)/troquet	die Kneipe
le zinc	der Tresen
la buvette	die Stehkneipe
le comptoir, le bar	die Theke, der Tresen
se mettre au bar	sich an die Theke stellen
boire un verre	was trinken
prendre un verre	ein Glas trinken
boire un pot/un coup	einen trinken
(einen Topf/einen Schlag trinken)	
boire un canon	'n Glas Rotwein trinken
(eine Kanone trinken)	
s'en jeter un derrière la cravate	sich einen hinter die Binde kippen
(sich einen hinter die Krawatte werfen)	
J'ai le gosier sec!	Ich hab 'ne trockene Kehle!
un alcool bien tassé	ein starker Schnaps
Il ne faut pas faire de faux col! (falscher Kragen)	Schütt randvoll ein!
la tournée	die Lokalrunde
payer la tournée	eine Runde schmeißen
le pinard	der Wein
un ballon (de rouge/de blanc)	ein Glas Wein (Roten/Weißen)

une blonde (eine Blonde)	ein Bier, ein Helles
une brune (eine Braune)	ein dunkles Bier
une pression (ein Druck)	ein Gezapftes/Bier vom Faß
un demi	ein normales, gezapftes Bier (0,2 l)
un vrai demi (ein echter halber)	ein Halber (0,5 l)
un distingué	ein Halber (0,5 l Bier)
un véritable (ein wahrhaftiger)	ein Liter Bier/eine Maß (1 l)
un panaché	Alsterwasser bzw. Radler
un 51	ein Pastis (Marke 51)
un perroquet (ein Papagei)	ein Pastis mit Pfefferminzsirup
une tomate (eine Tomate)	ein Pastis mit Grenadine (Granatapfelsaft)
la flotte	das Wasser

Der Begriff des **Apéritifs** ist extrem dehnbar. Elementar ist nur, daß er vor irgendeiner Mahlzeit (das Frühstück gilt in Frankreich nicht als Mahlzeit!) eingenommen wird. Manche beginnen also mit dem Apéritif kurz nach dem Frühstück. Über die Menge der Alkoholaufnahme sagt der Begriff jedoch nichts aus. Das kann dann natürlich übel ausgehen.

27

blau, grau oder schwarz?

être gris(e) angesäuselt sein
(grau sein)
être noir(e) blau sein
(schwarz sein)
être soul(e) betrunken sein, dicke sein
être bourré besoffen sein, abgefüllt sein
(gestopft sein)
être paf steif sein, einen in der Birne haben
être pété(e) breit sein
être plein besoffen/voll sein (nur für Männer)
(voll sein)

Il est rond comme un manche de pelle!
(Er ist rund wie ein Schaufelstiel.)
Er ist hackevoll.

Il est raide mort!
(Er ist steif tot.)
Er ist totensteif.

Il/elle s'est soûlé la ruche.
(Er hat sich den Bienenstock vollaufen lassen.)
Er/sie hat sich die Hucke vollgesoffen.

Il/elle s'est soûlé la gueule.
Er/sie hat sich einen 'reingezogen.

prendre une cuite/une biture
sich besaufen

Il a pris une bonne murge.
Er hat sich total vollaufen lassen.

Il est rond comme une bille. (Er ist rund wie eine Murmel.)
Er ist voll wie eine Haubitze.

Und wenn es dann nach Hause geht:

se casser la gueule	auf die Schnauze fliegen
se casser la figure	lang hinschlagen
(Gesicht zerschlagen)	
se ramasser une bûche	sich auf die Schnauze legen
(sich ein Holzscheit aufheben)	
être déboussolé(e)	vollkommen den Überblick
(wie ein kaputter Kompaß sein)	verlieren
perdre le nord	die Orientierung verlieren
(den Norden verlieren)	

pipi - caca: Toilette & Co.

Alle wissen natürlich, daß das "deutsche" Wort 'Toilette' aus dem Französischen stammt. **La toilette** bedeutet in der französischen Sprache ursprünglich (und auch heute noch) "der Waschtisch" oder auch "die (äußere) Aufmachung" (was man im Deutschen in dem Ausdruck "Toilette machen" findet).

"Auf's Klo gehen" heißt im Französischen **aller aux toilettes** oder

aller au WC. In diesem Zusammenhang kommt man natürlich nicht umhin, an das berühmte französische **pissoir** zu denken, eine fast kulturspezifische Einrichtung, die früher überall in den französischen Städten existierte (heute im Verschwinden begriffen) und die nur der männlichen Bedürfnisstillung diente! Eine andere "Institution" in diesem Zusammenhang ist die französische Toilettenfrau, **la dame-pipi** genannt, die man oft in öffentlichen Toiletten findet.

faire pipi / pisser	Pipi machen, pinkeln / pissen
changer l'eau du poisson	pinkeln gehen
(das Wasser im Aquarium wechseln)	
faire pleurer la gosse	einen auspissen
(das Kind zum Weinen bringen)	
faire caca	einen Haufen machen
chier	kacken, scheißen
couler un bronze	einen Klotz hinlegen,
(eine Bronze gießen)	einen abladen
les chiottes	das Scheißhaus
la chiasse	der Dünnschiß
avoir la courante	Dünnschiß haben
péter, loufer / le pet	furzen / der Furz
lâcher un pet/prout	einen fahren lassen
lâcher une caisse	einen Furz ablassen
(eine Kiste lassen)	

Essen: aller au resto

J'ai une de ces faims.
Ich hab' einen Mordshunger.

J'ai la dalle.
(Ich habe eine Steinplatte.)
Ich hab' Hunger.

J'ai l'estomac dans les talons.
(Ich habe den Magen in den Fersen.)
Mir hängt der Magen in den Kniekehlen.

Irgendwie und irgendwo muß man dann zum Essen schreiten. Sehr oft laden Franzosen sich gegenseitig zu Hause zum Essen ein. Dort ist man unter sich und weiß, was man ißt und kann selbst bestimmen, mit wem man essen will.

Aber man geht auch gern und oft ins Restaurant: möglichst einmal die Woche, wenn's geht, auch häufiger. Das müssen dann nicht die teuersten Spitzenrestaurants sein; viel lieber geht man ins **resto du coin** (das Restaurant um die Ecke) oder in sein Stammlokal, in dem das Preis-Leistungsverhältnis noch stimmt. Viele Franzosen, die in der Stadt arbeiten oder während der Mittagspause nicht nach Hause fahren können, gehen auch mittags ins Restaurant und wählen dort einen speziell angebotenen Mittagstisch (**le plat du jour**).

aller bouffer	essen/spachteln gehen
se faire une bouffe	sich ein Essen gönnen
se faire un gueuleton	ein richtiges Freßgelage veranstalten
casser la croûte	kurz mal was Kleines essen
(die Kruste zerbrechen)	
grignoter	was Kleines knabbern

31

manger sur le pouce	was im Stehen (aus der Faust essen)
(auf dem Daumen essen)	
le fast (le fast food)	das Fast-Food-Restaurant
le macdo	ein MacDonald
le self	das Selbstbedienungsrestaurant
le snack	das Schnellimbißrestaurant

In einem richtigen Restaurant bestellt man entweder nach der Speisekarte **(à la carte),** oder man wählt ein **menu,** von denen meist mehrere verschiedener Preisklassen und unterschiedlichen Umfangs angeboten werden. In bekannten Restaurants ist es angeraten, einen Tisch vorzubestellen **(réserver une table)** für die entsprechende Anzahl von Personen **(les couverts** = Gedecke). Und dann kann's losgehen:

l'apéritif	der Apéritif
les amuse-gueule	die Appetithäppchen
(die Spaßmacher für die Schnauze)	
l'entrée	die Vorspeisen
(der Eingang)	
le hors-d'oeuvre	die Vorspeise
le plat	das Hauptgericht
(die Platte)	
le plat du jour/marché	das Tagesgericht
les légumes	die Gemüsebeilagen zum Hauptgang (die je nach Region und Sitte auch erst nach dem Fleisch- oder Fischgericht gegessen werden)

les accompagnements	die Beilagen
le plateau de fromages secs	die Käseplatte
(trockener Käse)	
le fromage blanc	der Quark
(avec oder sans "crème")	(mit oder ohne flüssige Sahne)
les desserts	die Nachspeisen
le chariot de desserts	der Wagen mit dem Dessertangebot

Zum Essen trinkt man in einem normalen Restaurant u.a. Wein: Rotwein **(du rouge),** Weißwein **(du blanc)** oder Roséwein **(du rosé).** Wein wird nicht nur in Flaschen angeboten:

une bouteille	die Flasche
une carafe	eine Karaffe
un pichet (un petit/un grand)	ein Krug (kleiner/großer)
	(0,25 l oder 0,5 l))
du vin en pichet	offener Wein
un pot (Topf)	kleine Flasche offener Wein (0,7 l)
	(wird nur in manchen Gegenden
	angeboten, z. B. Rhône-Region)

Das Essen wird abgeschlossen mit dem üblichen **café** oder **express.** Für die, die nach einer solchen Koffein-Bombe nicht schlafen können, gibt's einen **déca (café décaféiné** = entkoffeinierter Kaffee), eine **tisane** (Kräutertee) oder eine **infusion** (Kräuterteeaufguß).

Zum **café** kann man, wenn man will, einen **pousse-café** (wörtl.: Kaffeedrücker) trinken: einen Likör oder Schnaps, der hilft, den Kaffee runterzuspülen, und danach gibt's dann natürlich den **digestif,** der die Verdauung in Gang setzen hilft und der ebenfalls aus einem härteren Getränk **(un petit alcool)** besteht: **cognac, armagnac, eau de vie** (Schnaps) etc.

s'en mettre jusque là	sich bis obenhin vollfressen
(sich's bis dahin stecken)	
s'en mettre plein la lampe	sich den Wanst vollschlagen / futtern gehen
J'ai les dents du fond qui baignent!	Mir steht's Oberkante Unterlippe! (Meine Backenzähne baden schon!)
se bâfrer / se goinfrer	sich vollfressen / sich vollstopfen
le goinfre	der Vielfraß
le gourmand	der Schlemmer
le gourmet	der Feinschmecker

Und danach ...

Essen und trinken im Restaurant ist natürlich nicht alles, was man nachts unternehmen kann, vor allem das Trinken kann man auch woanders fortsetzen. Da es, wie bereits gesagt, in Frankreich keine Kneipen gibt, geht man in einen **pub** (ausgesprochen wie im Englischen) oder **le bar.** Damit ist keine Bar im deutschen Sinn (mit all den eher unseriösen Assoziationen) gemeint, sondern eine eher komfortable Lokalität mit intimer Beleuchtung, aber seriösem Charakter (allerdings auch nicht immer). Hauptsächlich ist man dort auf den Ausschank alkoholischer Getränke, Typ "Cocktail", spezialisiert. Das oben aufgeführte "Trinkvokabular" gilt auch für diesen Bereich.

le fric - les sous

Geld

Geld **(le fric)** spielt bekanntlich überall eine wichtige Rolle. Und auch zu diesem Bereich bietet die Umgangssprache ein spezielles Vokabular an, das teilweise mit landesspezifischen Eigenarten verknüpft ist. Die folgenden Übersetzungen sind austauschbar:

le fric	die Kohle
les sous, les thunes	die Kröten
le pognon, la fraîche (die Frische)	die Knete
le blé (der Weizen)	die Mücken
l'oseille (der Sauerampfer)	das Moos

Es ist wichtig zu wissen, daß in der französischen Umgangssprache vielfach Geldsummen nicht in der aktuellen Franc-Währung (d. h. 1 Franc = 100 Centimes) genannt werden, sondern daß viele Franzosen noch in der bereits 1960 abgeschafften alten Rechnungsweise zählen (also 1 Franc = 1 Centime). Man muß also immer genau unterscheiden, ob in alten Francs **anciens francs** (= Centimes) oder in neuen Francs, **nouveaux francs** oder **francs lourds** (= Francs), gerechnet wird. Summen in alten Francs sehen gleich viel imposanter aus. So werden aus 100 (neuen) Francs gleich 10.000 (alte) Francs, aber das sagen Franzosen nicht immer dazu. Man muß es aus dem Zusammenhang erschließen oder eben erfragen, was übrigens auch viele Franzosen im Zweifelsfall tun.

Außerdem wird "Franc" häufig umgangssprachlich durch **balle** (Kugel) ersetzt. Im allgemeinen gilt, daß bei niedrigen Summen eher in "neuen" Francs (oder **balles**) gerechnet wird, während bei höheren Summen eher eine Rechnung in "alten" Francs zu erwarten ist. Im allgemeinen wird bei Summen in Millionen alten Francs/**balles** die Währungseinheit nicht mehr mitgenannt.

Aber auch da gibt es Ausnahmen und weitere umgangssprachliche Bezeichnungen. Also eine große Verwirrung! Hier eine kleine Umrechnungstabelle:

1	**million de francs**	1 Million neue Francs
1	**million**	10.000 neue Francs
100.000	**balles**	1.000 neue Francs
100	**balles**	100 neue Francs
10	**balles**	10 neue Francs
2	**balles**	2 neue Francs
10	**sacs** (zehn Beutel)	100 neue Francs
une	**brique** (ein Backstein)	10.000 neue Francs
un	**bâton** (ein Knüppel)	10.000 neue Francs
une	**plaque** (eine Platte)	10.000 neue Francs

zahlen

La note est salée.
Die Rechnung ist gesalzen.

Ça coûte les yeux de la tête!
(Das kostet die Augen im Kopf.)
Das kostet ein Schweinegeld!

Ça coûte trois fois rien!
(Das kostet dreimal nichts!)
Das kostet so gut wie nichts!

Il a fait un chèque en bois!
(Er hat einen Scheck aus Holz gemacht.)
Er hat einen ungedeckten Scheck ausgestellt.

Il a une ardoise! (Schiefertafel)
Er läßt anschreiben.

Il a les poches pleines de biftons.
Er hat die Taschen voller Scheine.

36

pleite sein

Il est fauché.
(Er ist abgemäht.)
Er ist abgebrannt.

faire la manche
(den Ärmel machen)
betteln gehen

Il a claqué tout son fric.
Er hat seine ganze Kohle durchgebracht.

Il est à sec.
Er sitzt auf dem Trockenen.

On lui a fauché son fric.
Man hat ihm seine ganze Kohle abgenommen.

Ça m'a coûté la peau des fesses!
(Das hat mich die Haut vom Hintern gekostet!)
Das hat mich alles gekostet, was ich habe!

Il est dans la dèche.
Er steht in der Kreide/Er sitzt in der Klemme.

C'est un radin/un rapiat.
Der ist ein Geizkragen.

Il est radin.
Er ist geizig.

taper cent balles
1 Franc erbetteln

"T'as pas dix balles?"
"Haste mal zehn Francs für mich?"

Leute, die man trifft

Überall hat man die Möglichkeit, Leute zu treffen, kennenzulernen oder ihnen vorgestellt zu werden. Man sollte dann entsprechende Ausdrücke verstehen, um zu wissen, wie die Beziehungen zwischen den verschiedenen Personen beschaffen sind, damit es zu keinen Mißverständnissen kommt!

Les gens sympas - nette Leute

mon copain - ma copine	mein Freund - meine Freundin
mon pote	mein Kumpel
mon mec/type	mein Typ (für Mädchen)
ma nana	meine Alte (für Jungen)
mon frangin - ma frangine	mein Bruder - meine Schwester
mon beauf	mein Schwager
mon fiston - ma fifille	mein Sohnemann - mein Töchterchen
mon pépé - ma mémé	mein Großvater - meine Großmutter
ma belledoche	meine Schwiegermutter

Les gens bizarres - komische Leute

Manche Leute sind nicht so einfach einzuordnen und von daher schon suspekt, oder sie werden mißtrauisch beäugt, weil sie gerade so gut in eine 'Schublade' hineinpassen:

un péquenot	ein Bauerntrampel
un intello	ein Intellektueller
un bouffon	ein Hanswurst/Hampelmann
un gnolgui (guignol)	ein Tölpel/Knallkopf
un dingue	ein irrer Typ
un punk	ein Punker
un skin	ein Skinhead
un babacool	ein lässiger Typ (Althippie)
un branché (Eingestöpselter)	ein Typ, der die neuesten Sachen drauf hat
un fana	ein fanatischer Typ
un écolo	ein Grüner/Öko
un zigoto	ein komischer Heini
un prolo*	ein Prolet

Das gilt natürlich vor allem für Ausländer, für die es eine ganze Reihe von abwertenden, vor allem diskriminierenden Ausdrücken gibt, die man nicht benutzen sollte!

un métèque*	ein lästiger Ausländer
un bougnoul*/un raton*	ein Nordafrikaner
un melon*/beur/bic*/bicot*	ein Nordafrikaner/Araber
un pied-noir (Schwarz-Fuß)	ein in den nordafrikanischen Kolonien geborener Franzose
un chinetoque*	ein Gelber (eigentlich: Chinese)
un black	ein Schwarzer

un boche*/schleu*/teuton	ein Deutscher
un angliche	ein Engländer
un amerloque/un ricain	ein Amerikaner
un macaroni*/rital*	ein Italiener
un bronzé* (Gebräunter)	ein Dunkelhäutiger
un viet*	ein Vietnamese

Wenn man übrigens in der französischen Provinz (damit ist alles gemeint, was nicht zu den drei Pariser Départements gehört) den Spruch **"C'est un parigot!"** (Das ist ein Pariser!) hört, so ist das meistens abwertend für einen Bewohner der Hauptstadt gemeint, über den das Vorurteil herrscht, daß er sich für etwas Besseres hält!

Les gens du milieu

Nicht nur nachts, sondern auch tagsüber kann man in einschlägigen Cafés und Vierteln einer Stadt auf Leute treffen, die man zum sogenannten "Milieu" zählt. In vielen französischen Großstädten gehören sie zum alltäglichen und allnächtlichen Straßenbild der Innenstädte, und über diese kleine Welt spricht man umgangssprachlich ganz selbstverständlich.

mon homme / **le maquereau, le mac** }	mein "Beschützer" (Zuhälter)
le jules / le julot / **le régulier** (der Reguläre) }	der Loddel (Zuhälter)
la pute/roulure/tapineuse	die Nutte
faire une passe	einen Kunden abschleppen
faire le trottoir (Bürgersteig)	auf den Strich gehen
faire le tapin / tapiner	auf den Strich gehen
une traînée	eine Rumtreiberin
un traîne-savates	ein Rumtreiber/Bettler
un zonard	ein rumlungernder Halbstarker
un loub(ard)	ein Rocker/Halbstarker/Rowdy
la racaille/caillera	jugendliche krimininelle Szene
un blouson noir (schwarze Jacke)	Rocker
le clodo/la cloche	der/die Obdachlose, Clochard
le taulard	der Inhaftierte/Knastbruder
la taule	der Knast
la pègre	das kriminelle Milieu
faire un casse	einen Bruch machen

Das "Milieu" verfügt natürlich über spezielle Bezeichnungen für seine Gegner, die Polizei:

la flicaille (die Kühe)
les keufs
les lardus
les poulardins
les poulets (Hühnchen)
les pieds-plats (Plattfüßler)

22 (vingtdeux) v'là les flics!
Achtung, die Bullen kommen!

Drogenszene

Ein weiteres Milieu mit Spezialausdrücken ist die Drogenszene:

le/la camé(e)	jemand, der unter Drogen steht oder sie regelmäßig nimmt
le junkie	der Fixer
le dealer	der Drogendealer
le toxico	der Drogensüchtige
se piquer se shooter	fixen, an der Nadel hängen
un pétard (Knaller) / un joint	ein Joint
se fumer un joint	einen Joint rauchen
la came/dope	die Droge
le shit, la merde l'herbe, le kif	das Haschisch
la coke	das Kokain
sniffer	schnüffeln
l'acide	LSD
la poudre (Puder) la neige (Schnee)	das Heroin
l'overdose	die Überdosis
être en manque	auf Entzug sein

IL EST EN MANQUE!

le zapping

Die Medien

Die Medien, vor allem die elektronischen, erfreuen sich in Frankreich großer Beliebtheit. Insgesamt nennt man in Frankreich Radio, Fernsehen, Video, Bildschirmtext, Bücher, Zeitungen usw.: **la communication et les médias:**

la télé	das Fernsehen
la chaîne (die Kette)	der Fernsehkanal
la télécommande	die Fernbedienung
zapper / flipper les chaînes	von einem Kanal zum anderen hin- und herschalten
le zappeur	einer, der ständig umschaltet
le zapping	ständiges Umschalten
l'émission	die Sendung
le feuilleton	die Unterhaltungssendung/ Fernsehserie
les informations/infos	die Nachrichten
la météo	der Wetterbericht
le speaker/la speakerine	der/die Fernsehansager(in)
la présentatrice	die Fernsehansagerin
le magnétoscope	der Videorekorder
le camescope	der Camcorder
la vidéo	der Videofilm
la cassette vidéo	die Videokassette
enregistrer une émission	eine Sendung aufzeichnen
la radio	das Radio
la FM	der (kleine) UKW-Sender
la radio libre	der freie Radiosender

la radio locale	der private örtliche Rundfunksender
le minitel	das französische Pendant zum deutschen Btx-System
miniteler	das Minitel-Gerät benutzen
le téléphone rose (rosa Telephon)	private Anbieter von Telefon-Sex-Nummern, die über Minitel angewählt werden können
passer un coup de fil/bigo }	
bigophoner }	telefonieren
donner un coup de turlu }	
le quotidien	die Tageszeitung
l'hebdomadaire	die Wochenzeitung
le magazine	die Illustrierte
le canard (Ente)	die Zeitung / das Blatt
le torchon (Lappen)	das Käseblatt
un gratte-papier (Papierkratzer)	ein Schreiberling (Journalist)
gribouiller	kritzeln
le bouquin	das Buch
la bande dessinée/b.d.	der Comic-Band

44

boulot et dodo

arbeiten und ausruhen

Arbeit und Freizeit gehen Hand in Hand. Der eine arbeitet, um zu leben, der andere lebt, um zu arbeiten - wobei das letztere weniger der französischen Lebenseinstellung entspricht. So wie man "den" Deutschen nachsagt, sie seien besonders arbeitseifrig, so heißt es von "den" Franzosen, er sei ein Lebenskünstler. Aber es wäre sicherlich falsch, der arbeitenden französischen Bevölkerung nachzusagen, sie sei nur auf Müßiggang bedacht.

le boulot - die Maloche

bosser
>	malochen

Il se fait du pognon/fric.
>	Er macht viel Kohle.

avoir les dents longues (lange Zähne haben)
>	den richtigen Biß haben, ehrgeizig sein

avoir les bras longs (lange Arme haben)
>	viele Beziehungen haben

faire marcher les affaires (die Dinge gehen machen)
>	den Laden schmeißen

faire tourner la boîte (die Büchse drehen machen)
>	etwas am Laufen halten

Il est débordé de travail. (überlaufen von der Arbeit)
>	Ihm wächst die Arbeit über den Kopf.

le forcing
>	der Gewaltakt, der Kraftakt

faire du forcing
>	alle Kräfte auf eine Arbeit konzentrieren

Il est à la bourre.
>	Er steht arbeitsmäßig unter Hochdruck.

stresser / criser

völlig im Streß sein

manger à tous les râteliers (in allen Heuhaufen essen)

in allen Töpfen gleichzeitig rühren

arrondir ses fins de mois (seine Monatsenden aufrunden)

sein Gehalt am Monatsende irgendwie aufbessern

Il fait feu de tout bois! (Er macht Feuer mit jedem Holz.)

Ihm ist jedes Mittel recht!

C'est la galère! (Das ist die Galeere.)

Was für eine Schufterei! / Was für eine Scheiße!

Häufig sind die, die sich so richtig in die Arbeit stürzen, nicht die Beliebtesten bei Mitarbeitern und Kollegen und werden (zu Unrecht?) mit schmähenden Ausdrücken bezeichnet.

faire des ronds-de-jambes (runde Beine machen)

katzbuckeln

être lèche-cul (Arschlecker) / **fayoter**

ein Arschkriecher sein

le larbin

der Knecht (des Chefs)

essuyer les plâtres (den Putz abwischen)

die Dreckarbeit machen

C'EST LA GALÈRE!!

se faire remonter les bretelles (sich die Hosenträger hochziehen lassen)
    zusammengestaucht werden

s'en ramasser une
    eine richtige Anschnauze einstecken

passer un savon à quelqu'un (jemandem eine Seife rüberreichen)
    jemandem den Kopf waschen

On le prend pour un guignol. (Kasper)
    Man hält ihn für einen Hampelmann.

faire le guignol
    den Hampelmann spielen

être un cancre
    Klassenletzter sein

être un nul
    eine Null sein

Viré! - Gefeuert!

Bei uns wird man gefeuert. In Frankreich drückt man sich nicht so drastisch aus: Dort wird man zum Beispiel "gewendet":

On l'a viré! (gewendet)
    Er ist gefeuert worden!

On l'a vidé! (ausgeleert)
    Man hat ihn rausgeschmissen!

On l'a foutu à la porte! (machen, setzen)
    Man hat ihn vor die Tür gesetzt!

On l'a flanqué à la porte! (geschleudert)
    Er ist rausgeflogen!

Il s'est fait jeter! (werfen)
    Er hat's so weit getrieben, daß er gefeuert wurde!

Il a pris la porte! (die Tür genommen)
    Er hat gekündigt!

J'ai tout largué! (sausen lassen)
    Ich 'hab' alles hingeschmissen!

la magouille - die Kungelei

magouiller
  rumtricksen, kungeln
C'est la magouille!
  Das ist ein einziger Klüngel/Filz!
la combine (die Kombination)
  die Beziehung
faire une combine
  eine Beziehung spielen lassen
le piston (der Kolben)
  die Connection/Beziehungen
être pistonné
  hochgepuscht werden (durch Beziehungen)
distribuer des pots de vin (Weinkrüge verteilen)
  Schmiergelder verteilen

Salut la zone!

Begrüßung

Salut!	Hallo! Hey!
Salut les gars!	Hallo Jungs!
Salut les mecs!	Typen!
Salut mon vieux/ma vieille!	Hallo Alter/Alte!
Salut la zone! (Gebiet, Gegend)	Hallo zusammen!
Salut la faune! (Fauna)	Hallo Leute!
Comment ça va?	Wie geht's, wie steht' s?
Ça va? / Ça boume? **Ça roule?** (Rollt es?)	Alles klar?

Antwort:

Ça va! / Ça boume! **Ça roule!**	Alles klar! / Alles easy!

Verabschiedung

J'y vais!	Ich hau' ab!
Je me sauve! (retten)	Ich zisch' ab!
Je me tire! (ziehen)	Ich mach' die Biege!
Je me barre! (verriegeln)	Ich verzieh' mich!
Je me casse! (zerbrechen)	Ich verzieh' mich!
Je te laisse!	Ich geh' dann jetzt!
Salut! **Ciao! / Tchao!**	Bye-bye! Tschüß!
A la prochaine!	Bis demnächst! Bis bald!
A tout! (à tout à l'heure) **A plus!** (à plus tard)	Bis später!

rumquatschen

raconter des salades
> Blödsinn erzählen

raconter des conneries (Dummheiten)
> dummes Zeug plappern

causer/papoter/tchatcher
> quatschen, tuscheln/plaudern

faire la causette
> ein bißchen 'Small talk' machen

baragouiner (radebrechen)
> rumstammeln (auch für Ausländer, die die Sprache nicht gut beherrschen)

mettre des bémols (die Moll-Tonart auflegen)
> etwas auf dezente Art ausdrücken

Il en fait tout un plat. (Er machte daraus ein ganzes Hauptgericht.)
> Er läßt sich lang und breit darüber aus.

Il en sort des vertes et des pas mûres. (Er holte Grüne und Unreife raus.)
> Er redet völlige Scheiße/unreifes Zeug.

Cause toujours, tu m'intéresses!
> Rede du nur! Du kannst mir viel erzählen!

baratiner, faire du baratin
> einen vom Pferd erzählen

Die Jugend von heute

Ils sont cool, les ados! - Die Kids sind O.K.!

Seien es Eltern, Erzieher, Lehrer oder andere Erwachsene - wer hautnah mit französischen Jugendlichen im pubertären oder vorpubertären Stadium (den **ados**) zu tun hat, der muß sich heutzutage warm anziehen und einige Nachhilfestunden in Jugendslang nehmen, um sie überhaupt sprachlich verstehen zu können, wenn er den Generationskonflikt - sei es auch nur ansatzweise - in den Griff bekommen will! Sie haben nicht nur ihre eigenen, ganz speziellen Ausdrücke, sondern auch noch die merkwürdige Angewohnheit, häufig die Silben zu verdrehen, wie es typisch für die "Sprache" des **verlan** (= l'envers) ist (siehe S. 17).

les ieufs (les vieux)
les biomanes   die Alten, die Eltern
les remps (parents)

une iev (la vieille)   meine Alte
la reum (mère)   die Mutter
mon iev   mein Alter
le reup / le repe (père) der Vater
un keum (mec)   ein Typ, Macker
une meuf   eine Frau / ein Mädchen

une gonzesse / une zesgon
une grognasse
une belette   eine Mieze, eine Puppe
une touffe (Büschel)
une tarte à poils (Torte aus Haaren)

C'est tip-top! - Das geht super ab!

C'est cool!	Das ist cool! Gefällt mir echt gut!
C'est top!	Echt gut! Super! Das ist in!
C'est tip-top!	Das absolut Größte!
C'est délirant/le délire!	Totaler Wahnsinn! / Das geht ab!
s'éclater	total abfahren / einen draufmachen

C'est pur!	
C'est big!	Das ist super! Genial!
C'est le kif!	

C'est hallucinant!	Absolut genial!
C'est giga!	Gigantisch!
Je trouve ça géant!	Find' ich echt geil!
C'est un plan béton!	Das ist eine tolle Sache!

On a complètement disjoncté!
(Uns sind die Sicherungen
rausgeflogen.)
Wir sind total ausgeklinkt / haben
irrsinnig einen draufgemacht!
On s'est complètement défoncé!

Je suis accro!	Ich bin total drauf abgefahren!
patir en piste	in die Disco gchen
se faire un plan dragueur / geudra	Mädchen aufreißen gehen
aller faire la teuf / la java / la riboule	einen drauf machen
se prendre une boîte / une caisse	sich besaufen, sich vollaufen lassen
(sich eine Dose/Kiste nehmen)	

avoir les yeux en couilles de pigeon   einen dicken Kopf haben

(Augen wie Taubenhoden haben)

calculer le périmètre de son lit schlafen, im Bett rumhängen

(den Umfang seines Bettes berechnen)

une beubon (bombe)   eine Wucht von Mädchen
Elle est top du top!   Die ist absolut super, die Frau!
Elle est grave cette meuf!   Das Girl ist echt stark / nervend!
se faire un plan TV   sich vor die Glotze setzen
se faire un plan moule   sich einen ruhigen Abend zuhause
                                      machen
C'est zen!   Das ist schlicht! Sieht cool aus!

C'est hard! - Das macht dich echt fertig

Il est hard, ce type!   Der ist ganz schön fertig!
Il est hardos!   Der Typ ist echt hart drauf!
Il est craignos!   Völlig abgefuckt!
Elle est hard, cette musique!   Diese Musik fetzt total!
C'est complètement off-road!   Das ist absolut out!
C'est bulifiant!   Total entnervend! / Große Kacke!
C'est nul à chier (=nullache)!   Absolute Scheiße!
C'est grave à la mort! /   Die Sache sieht ziemlich finster/
C'est glauque, ce truc! /   übel aus!
C'est complètement destroy!
C'est la cata! ⎫
Ca me fait gerber! ⎭   Das ist ja die reinste Katastrophe!
Ce truc est à baffer!   Widerlich! Das ist ja zum Kotzen!
T'es nul! Tu fais tache!   Verpiß dich bloß!

(Du bist ein Fleck!)

Il me squatte la tronche!   Der geht mir tierisch auf den Geist!

(Der hält mein Gesicht besetzt!)

Il me prend le chou (=la tête)!	Der geht mir auf die Eier!
J'ai de la haine! (Ich hab Haß.)	Ich bin wütend!
Ca me gave!	Ich kann's nicht mehr ab!
Je n'en ai rien à péter!	Das ist mir scheißegal!
(Ich hab nichts zu furzen!)	
Quand je suis vénéré (énérvé),	Wenn ich wütend bin,
je deviens fou!	raste ich total aus!
Gare ta teub!	Pass bloß auf!
une marmite (Kessel)	ein häßliches Mädchen
une (nana) racaille	ein vulgäres Mädchen
un strum/streumon (monstre)	ein häßliches Monster (Mädchen)
un bouffon	ein Idiot/Spießer (je nach Kontext)
un mickey	ein Hampelmann
un nain (Zwerg)	eine Null/ein blinder Typ

Flüche und Beschimpfungen

Couille molle!	Weiche Hoden!
J'aurais ta gueule à la place	Wenn ich deinen Kopf als Arsch
de mon cul, j'aurais honte	hätte, würde ich mich schämen
de chier!	zu scheißen!
Momie!	Mumie!
Nique ta mère!	Fick deine Mutter!
T'es mort!	Du bist (so gut wie) tot!
Tu pues du fion!	Du stinkst aus dem Arsch!
Va voir ta mère au zoo!	Besuch deine Mutter im Zoo!
Handicapé de la tronche!	Gesichtsinvalide!

Les ados ... et le sex

les **armotisseurs** (Stoßdämpfer)
les **obus** (Granaten) / les **doudounes**   die Titten

une **foune** / **foufoune**
une **teuche** (chatte)
une **chatoune**
une **touffe** (Haarbüschel)
une **cramouille**   die Möse, die Votze
une **tarte à poils**
    (Torte aus Haaren)
l'**abricot** (Aprikose)
la **conasse**

le **buorgeon**
le **berlingot**   der Kitzler

une **teub** (bite)
le **chibre**
la **quéquette**
le **bistouri**   der Schwanz
le **poireau** (Lauch-Stange)

une **cagoule** (Überkopf-Mütze mit Sehschlitz)
un **caoutchouc**   der Präser / Gummi
un **imperméable** (Regenmantel)

accrocher une meuf   bei einem Mädchen landen, sie heiß
                                    auf dich machen
avoir une ouverture   gut ankommen bei 'ner Frau
    (eine Öffnung haben)

55

chasser la touffe
(Haarbüschel jagen)

aufreißen, anmachen

encanailler

aufreißen und langmachen

faire un câlin

bumsen (auch: schmusen)

éclater le coquillage

deflorieren, entjungfern

shek (coucher) avec

sie langmachen

se la ken (niquer)

tirer sa crampe
(seinen Krampf abziehen)

tirave / tirer un coup

se faire une touffe

tremper sa nouille
(seine Nudel eintunken)

ficken, bumsen, vögeln

noyer Popaul (seinen Schwanz
ertränken)

bétonner la cave
(den Keller ausbetonieren)

exploser la foufoune (die
Möse zum Explodieren bringen)

se dégorger le poireau (sich den
Lauch entleeren/abfließen lassen)

ficken; auch: wichsen

faire la fête à son cul
(ihrem Arsch 'ne Fete bereiten)

décoller la rondelle
(die Ringmuskeln ablösen)

arschficken

décapsuler l'arrière boutique
(das Hinterteil entkorken)

dilater la baque
(den Ring weiten)

faire une fleur
 (eine Blume machen)
se faire confire le gésier
 (sich den Magen einmachen lassen)

einen blasen
 (auch: einen Gefallen tun)
einen abkauen und runterschlucken

fournir le dentifrice
 (die Zahnpasta liefern)
lui nettoyer les dents du fond
 (ihr die Backenzähne säubern)

sich einen blasen lassen

une touze (für: partouze)
avoir une grosse dimension affective
 (eine große Gefühlsdimension haben)
flasher sur un garçon/une fille

ruiner sa culotte pour un keum
 (seinen Slip für 'nen Typen ruinieren)

Gruppensex-Party
einen großen Schwanz haben

auf einen Typen/ein Mädchen abfahren

auf einen Typen abfahren/heiß sein

se faire tej (jeter)
 (sich wegwerfen lassen)
se manger / se prendre un rateau (Harke essen/kassieren)
se ramasser une banane
 (eine Banane aufsammeln)

eine Abfuhr bekommen,
 sich eine Abfuhr einhandeln

Il a une bite à la place du cerveau
 (Er hat 'nen Schwanz, da wo andere ihr Gehirn haben.)
Il marche derrière sa quéquette!
 (Er läuft hinter seinem Schwanz her.)

Der hat nichts als Frauen im Kopf!
 Der denkt nur an das eine!

Der ist total auf Möse programmiert!

La cailléra - Die Jugendbanden in den Vorstadtghettos

Es gibt keine größere oder kleinere Stadt in Frankreich, die nicht von dem Phänomen der jugendlichen (Klein-)Kriminalität in den unpersönlichen, größtenteils heruntergekommenen Wohnghettos der Vorstädte betroffen ist, mit ihrem jugendlichen Bandenwesen, den damit einhergehenden Delikten und einer latenten Gewalt, die den Alltag bestimmt. Dies ist im allgemeinen eine Folge der mangelnden sozialen, wirtschaftlichen und städtebaulichen Integration der dort "wohnenden" Bevölkerung, die sich aus den verschiedensten Nationalitäten zusammensetzt, hauptsächlich aber aus Nordafrikanern - den Arabern - besteht. Wirtschaftlich und sozial unterprivilegiert, ist dieser inzwischen enorme Bevölkerungsanteil zu einem allgemein beunruhigenden Faktor angewachsen, der mehrere Ministerien beschäftigt - das für soziale Integration, das für Jugend und Erziehung (die **Education Nationale)** und natürlich auch das Justiz- und Innenministerium. In den Vorstädten hat sich ein eigenes Milieu herausgebildet, das seine Unzufriedenheit und seine Diskrimination, seinen Haß und seine Gewalt, aber auch seine Spielregeln und seine Sprache bis ins Herz der französischen Gesellschaft getragen hat und das ein Hort für beunruhigende politische und religiöse Bewegungen geworden ist: ein Bestandteil des französischen Lebens, der landeskundlich und sprachlich weitergehend noch nicht im Französischunterricht an deutschen Schulen verarbeitet wird.

Hier soll nur ein kurzer, zwangsläufig reduzierter Einblick in eine Sprache gegeben werden, die zu dem Jugendslang aus den vorangehenden Kapiteln eine Ergänzung darstellt und mit ihm völlig verschmilzt! Für die Mehrheit der französischen Jugendlichen ist das hinter dieser Sprache verborgene Phänomen ein - leider trauriger - normaler Bestandteil ihres Alltags in der Schule und in der Freizeit, mit dem sie vertraut, aber von dem sie nicht unbedingt betroffen sind.

la cailléra (la racaille)	Selbstbezeichnung der halb-kriminellen Jugendlichen in den Vorstadtghettos (der Auswurf der Gesellschaft, das Pack)
la famille / la tribu	die Bande / die Sippe / der Stamm
le village (das Dorf)	heimischer Bezirk / Ghetto
être beau et bad	schön und böse sein
se la jouer cool	immer ganz cool bleiben
un reubeu (beur)	ein Araber
un renoi (noir)	
un keubla (black)	ein Schwarzer
une guele de cramé	
(ein verbranntes Gesicht)	
un babtou	ein (gebürtiger) Franzose
un feuj (juif)	ein Jude
un noich (chinois)	ein Chinese
un manouche	ein Zigeuner
les petits frères	die junge Arabergeneration
(die kleinen Brüder)	in den Vorstadtghettos
traîner avec les gitans	ein ganz harter / ein Brutalo sein
(mit den Zigeunern rumhängen)	(den Ruf der Zigeuner teilen)
les sans pitié	die Erbarmungslosen
	(libanesische / tunesische Araber)
raffler un zoublon (blouson)	einen Blouson klauen
le braquage	der Einbruch
la pointe	der Diebstahl
un vol à l'arrache	ein Handtaschendiebstahl
un vol à la tire	ein Autodiebstahl

un reurti (tireur)	ein Dieb
tirer	stehlen
se faire un plan turvoi (voiture)	ein Auto knacken
le trafic haute gamme façon Mafia	mafiamäßig im großen Stil verschieben, dealen
tourner grand businessman	groß ins Geschäft einsteigen
C'est un plan kamikaze!	Das ist ja ein selbstmörderisches Unternehmen!
casser	kaputtschlagen
taper	drauflos schlagen, prügeln
une stombe / une bagarre	eine Schlägerei
Tu veux te faire péfra (frapper)?	Sollen wir dich zusammenschlagen?
ratatiner la tronche à qn	jemandem die Schnauze polieren
bastonner quelqu'un	jemandem eine reinhauen
flipper	Schiß haben, flippen
avoir un coup de speed	einen Moment lang Schiß haben, einen Adrenalinstoß kriegen
le zonc	der Knast
faire trois piges	drei Jahre Knast absitzen

Die jugendliche Drogenszene ... und ihre Sprache

le matos	das Dope
une beu / beuz	
un teuf (shit)	Haschisch, Shit, Gras
une Sunsea	
un kif	

une retba (barette)	Haschisch-Päckchen im Wert von 100 Francs (circa 2,5 g)
une savonnette (Seifenschale)	250 g Haschisch
un tarpé (pétard)	
un pétos	
un splif	
un cône	ein Joint, ein Stick
un joko	
un juce	
un oinj (joint)	
un stick / un stickos	

la dreu ('verlan' abgekürzt: la poudre)	das Heroin, der Schnee
se crayonner **se faire un shoot**	Drogen spritzen
une pepon (pompe) (Pumpe) **une shooteuse**	eine Spritze
un ecta **un X**	eine Ekstasy-Pille
croquer / gober	eine Ekstasy-Pille nehmen
un youka (caillou) (Kieselstein)	ein Crack-Steinchen
kifer	kiffen, einen Joint rauchen

être à l'ouest (im Westen sein)

être défoncé

être raide (steif sein)

être comaté

comater (im Koma sein)

être dans le cosmos

être défait

se défaire (sich auflösen)

être en apesanteur
   (im Zustand der Schwerelosigkeit sein)

völlig stoned sein / auf'm Trip sein

être dépouillé
   (von allem entblößt sein)

se fracasser (zerschellen)

être out of Africa

être scotché (festgeklebt sein)

être ruine (ruiniert sein)

auf dem Wahnsinns-Trip sein,
irrsinnig angetörnt sein

**être raide défoncé /
   dépouillé / ruiné ...**

être raide comme un tacos

planer high in the sky

auf absolut totalem Wahnsinnstrip /
völlig weg sein

avoir in mauvais film }
avoir un flip

einen Horror-Trip haben

une OD

eine Overdose, Überdosis

62

Die Sprache, die aus dem Bauch kommt

(und manchmal unter die Gürtellinie geht)

Das umgangssprachliche Französisch hat eine erstaunliche Auswahl an Ausdrücken, um jemandem seine Abneigung kundzutun, sich abfällig über jemanden oder etwas zu äußern, oder seine Verachtung auszudrücken. Und dies geschieht manchmal auf sehr drastische Weise. Daher sind einige der folgenden Ausdrücke auch nur mit großer Vorsicht zu gebrauchen.

Viel geringer dagegen ist der Wortschatz, wenn es darum geht, seine Sympathie oder Begeisterung über etwas oder jemanden zum Ausdruck zu bringen.

Crevé! - Kaputt!

Besonders viel Auswahl hat man, wenn man ausdrücken will, daß es einem miserabel geht!

J'ai les jambes/le cerveau en compote!
(Ich habe Beine/Gehirn aus Kompott.)
Ich habe Pudding in den Beinen/im Kopf!

J'ai les jambes coupées!
(Ich habe die Beine abgeschnitten.)
Ich bin ganz wackelig auf den Beinen!

J'ai les jambes en coton!
(Ich habe die Beine aus Baumwolle.)
Ich klapp' gleich zusammen!

Je suis flagada!
Mir ist ganz flau/mulmig!

Je suis à plat!
Bei mir ist die Luft raus!

Je suis raplaplat!
    Ich bin total fertig.
J'ai un coup de pompe! (Ich habe einen Pumpenschlag.)
    Ich hab' gerade einen Tiefpunkt!
J'ai un coup de barre!
    Ich bin plötzlich schrecklich müde!
Je suis crevé! (krepiert)
    Ich bin kaputt!
Je suis vidé! (geleert)
    Ich bin völlig k. o.!
Je suis H.S.! (Hors Service)
    (Ich bin außer Betrieb.)
    Ich bin fix und fertig!
Je suis claqué! (geklatscht)
    Ich bin fix und fertig!
Je suis au bout du rouleau!
    (Ich bin am Ende der Rolle.)
    Ich bin am Ende meiner Kräfte!/
    Ich bin völlig von der Rolle!
Je suis sur les rotules!
    (Ich bin auf den Kniescheiben.)
    Ich kann nur noch kriechen.
Je n'en peux plus!
    Ich kann nicht mehr!
Je suis mort! (tot)
    Ich bin völlig geschafft!
Je craque! (Ich krache.)
    Ich halt's nicht mehr aus! / Ich brech' zusammen!
J'ai la pétoche! / J'ai la frousse! (Angst)
    Ich hab' Angst!
J'ai la trouille!
    Ich hab' Schiß!
Je me fais du mauvais sang. (Ich mache mir schlechtes Blut.)
    Ich mach' mir echt Sorgen!

Au dodo! - Ab ins Bett!

pioncer
> schlafen, pennen

roupiller
> ratzen, knacken

piquer un roupillon
> wegratzen, ein Schläfchen machen

piquer un somme (Schläfchen)
> sich aufs Ohr hauen

se pieuter
> sich in die Falle hauen, pofen gehen

le pieu
> die Falle

faire la grasse matinée (einen fetten Morgen machen)
> sich richtig ausschlafen

se mettre les doigts de pied / les orteils en éventail
> (die Zehen zum Fächer machen/fächerförmig ausbreiten)
> sich auf die faule Haut legen

A l'hosto - krank sein

choper une maladie
> sich eine Krankheit holen, krank werden

choper un microbe/virus
> sich einen Virus/Bazillus einfangen

Quelqu'un lui a collé une saloperie! (geklebt)
> Jemand hat ihn mit irgendeiner Sauerei angesteckt!

le toubib
> Arzt, Quacksalber

l'hosto
> das Krankenhaus (umgangssprachlich)

le billard (der Billardtisch)
> der Operationstisch

Il est passé sur le billard!
>
> Er ist auf dem O.P.-Tisch gelandet!

Il pète la forme/le feu! (Er furzt/explodiert vor Kraft/Feuer.)
>
> Er strotzt vor Gesundheit!

J'ai la forme!
>
> Mir geht's super!

J'ai la pêche. (Ich habe den Pfirsich/Fischfang!)
>
> Ich bin super drauf!

Il est crevé!
>
> Er ist abgekratzt!

Il a passé l'arme à gauche! (Er hat die Waffe nach links weitergereicht.)
>
> Er hat den Löffel abgegeben.

Il bouffe les pissenlits par la racine.
>
> (Er frißt den Löwenzahn von unten/von der Wurzel her.)
>
> Er guckt sich die Radieschen von unten an.

La flemme! - Kein' Bock

J'ai glandé. (Eicheln sammeln)
>
> Ich hab' rumgefaulenzt.

J'ai traîné. (Ich hab' es gezogen.)
>
> Ich hab' rumgehangen.

Il ne branle rien. (Er wichst nicht.)
>
> Der schafft nichts.

Il ne fout rien.
>
> Der tut überhaupt nichts.

Il ne fiche rien.
>
> Der kriegt nichts geregelt.

Il se les roule. (Er dreht die Daumen.)
>
> Er läßt's ganz ruhig angehen.

Il se la coule douce. (Er läßt sich's sanft fließen.)
>
> Der schiebt 'ne ruhige Kugel.

Il n'en rame pas une! (Er rudert nicht!)
>
> Der macht nicht die geringste Anstrengung!

Pénard!
  Du Faulenzer!
Tranquillo!
  Immer mit der Ruhe!
C'est un flemmard!
  Das ist ein Faulpelz!
Il a une vie pénarde.
  Er hat den richtigen Lenz.
Y'a pas le feu! (Da ist kein Feuer!)
  Laß es langsam angehen! Immer langsam!
Je m'en fiche/fou.
  Es ist mir egal/scheißegal.
J'ai fait ça les doigts dans le nez!
  (Das habe ich mit den Fingern in der Nase gemacht.)
  Das hab' ich mit links erledigt!

Veinard!
  Du Glückspilz!
Cool! / Relax!
  Relax! Immer cool bleiben!
J'ai la flemme!
  Ich hab' keinen Bock!

C'est la merde! - Alles Scheiße!

Manchmal sind die Dinge ganz schön frustrierend, und man findet wirklich alles zum Kotzen. Die französische Umgangssprache verfügt über eine ganze Reihe von Ausdrücken, um dies recht drastisch mitzuteilen.

Eine Möglichkeit, Ausdrücke in ihrer Intensität noch zu verstärken, bietet das Wort **vachement** (unheimlich), z. B.:

C'est con!	Das ist idiotisch/blöd!
C'est vachement con!	Das ist absolut idiotisch/blöd!

Neuerdings kann man auch mit Silben wie **hyper** (übermäßig) oder **super** ein Eigenschaftswort steigern, eine weitere Steigerung ist die Bildung mit **méga** (Million...) oder sogar **giga** (Milliarde...).

Diese Ausdrücke haben inzwischem das Verstärkungswort **vachement** mehr oder weniger ersetzt, zum Beispiel:

C'est nul comme truc.	Das bringt's nicht!
C'est hyper nul!	Das bringt's ja absolut nicht!
C'est méga-mode!	Das ist hyper-modern!
C'est (hyper)chiant ce truc!*	Das ist ja (absolut) beschissen!

Ça craint (vachement)! (Das fürchtet!)
> Das macht mich (überhaupt) nicht an!/
> Das bringt's (absolut) nicht!

C'est craignos! / C'est galère! (Galeere)
> Das ist total nervig!

C'est la merde!*
> Das ist Scheiße!

C'est de la merde!*
> Was für ein Scheißzeug!

Je m'emmerde!
> Ich find's scheißlangweilig!

La barbe! (der Bart)
> Das ödet mich an!

Ça me dégoûte. (Das schmeckt mir nicht.)
> Das widert mich an.

Ça me fait chier!* (Das macht mich scheißen.)
> Das kotzt mich an!/
> Da wird mir schon übel, wenn ich nur daran denke!

C'est chiant.*
> Das ist beschissen!

C'est l'enfer! (Hölle)
> Das ist ja die Hölle!

Je craque! / Je fais un caca nerveux! (einen nervösen Haufen machen)
> Ich halt's nicht aus! Ich brech' zusammen!

Ça me prend la tête/teuté. (im "verlan"-Slang)
> Das halt' ich im Kopf nicht aus!/Das macht mich fertig!

J'en ai rien à masser!* (Ich hab' da nichts zu massieren.)
> Da wichs' ich mir einen drauf!

J'en ai rien à branler!* (schütteln)
> Da scheiß' ich drauf!

J'en ai rien à cirer!
> Das ist mir absolut wurscht!

C'est nase!
> Das ist kaputt/im Arsch! (für Dinge)

Les boules! / J'ai les boules! (Kugeln)
 Da kommt mir die Galle hoch!
Ça me fout les boules! (Das gibt mir die Kugeln.)
 Das regt mich tierisch auf!

C'est ringard!
 Das hat ja so'nen Bart!
C'est le bordel! (Bordell)
 Das ist das reine Chaos!
Quelle salade! (Salat)
 Was für 'ne Bescherung!

C'est du bidon! (Kanne)
 Das taugt überhaupt nichts!
Quelle connerie!
 Was für'n Schwachsinn!
Quelle saloperie! (Sauerei)
 Was für 'ne Scheiße!

J'en ai ras le bol! - Schnauze voll!

J'en ai marre.
>   Ich bin's leid! Das kotzt mich an!

J'en ai plein le dos!
>   Jetzt reicht's mir!

J'en ai par-dessus la tête! (bis über den Kopf)
>   Mir steht's bis hier!
>   Ich hab' die Nase voll!

Je ne marche plus! (Ich gehe nicht mehr!)
>   Ohne mich!

Je ne suis pas chaud! (Ich bin nicht heiß!)
>   Das turnt mich nicht an!

J'en ai rien à foutre!*
>   Das kümmert mich einen Dreck!

J'en ai rien à braire.
>   (Ich hab' damit nichts zu iahen (wie ein Esel).)
>   Ich kann's nicht mehr am Kopf haben.

J'en ai plein le cul!* (den Arsch voll)
>   Ich hab' die Schnauze voll!

Je suis foutu! - Ich bin am Ende!

Ça va mal pour moi!
>   Es steht schlecht um mich!

Je suis cuit! (Ich bin gekocht!)
>   Ich bin fertig!

Je suis coincé! (eingekeilt)
>   Ich bin in die Enge getrieben!

Je vais en baver! (Ich werde deswegen sabbern!)
>   Das wird mich teuer zu stehen kommen!

Wenn man aber noch einmal Glück gehabt hat, kann man sagen:
Je m'en suis tiré! - Ich bin noch mal davongekommen!

71

J'ai du bol!	Glück gehabt!
J'ai du pot!	Schwein gehabt!
J'ai eu de la veine! (Ader)	Ich hab' Schwein gehabt.
C'est un vrai veinard!	Der ist ein richtiger Glückspilz.
Je me suis démerdé(e)!	Ich hab's hingekriegt!

J'ai des ennuis. - Ich hab' Probleme.

avoir des emmerdes
Ärger haben
avoir de gros pépins (große Körner haben)
dick in der Klemme stecken
être dans un sacré pétrin (heiliger Backtrog)
in der Patsche sitzen
être dans de beaux draps (zwischen schönen Bettlaken stecken)
ganz schön in der Scheiße stecken
être dans la merde jusqu'au cou
bis zum Hals in der Scheiße stecken
se faire faire un enfant dans le dos
(sich ein Kind hinter dem Rücken machen lassen)
eine böse Überraschung erleben
J'en ai pris plein la gueule. (Ich habe die Schnauze voll bekommen.)
Ich hab' alles abbekommen.

avoir la poisse - Pech gehabt

Je me suis fait avoir.
Ich hab' mich 'reinlegen lassen.
se faire rouler (sich rollen lassen)
reingelegt werden, sich auf's Kreuz legen lassen
se faire coincer
sich in die Klemme bringen lassen
se mettre le doigt dans l'oeil (sich den Finger ins Auge stecken)
sich in etwas unheimlich täuschen

faire une gaffe (Bootshaken)
: einen Schnitzer machen, einen Fehler begehen

ne pas avoir de bol/de pot (keine Schüssel/keinen Topf haben)
: keine Schnitte haben

avoir la poisse
: Pech haben

Ça me porte la poisse!
: Das bringt mir Unglück!

Ça a foiré! / C'est raté!
: Das ist schief gegangen!

J'ai fait chou blanc! (Ich habe Weißkohl gemacht.)
: Ich habe Mist gebaut!

Ça a mal tourné!
: Da ist was schief gelaufen!

C'est tombé à l'eau!
: Das hat nicht geklappt!

Il y a un truc qui me tracasse / qui me travaille!
: Diese Sache bereitet mir Kopfschmerzen!

se faire baiser* (sich ficken lassen)
: sich reinlegen lassen

se faire casser du sucre sur le dos
(sich Zucker auf dem Rücken zerbrechen lassen)
: schlecht von sich reden hören / kritisiert werden

J'ai la scoumoune.
: Ich bin vom Pech verfolgt.

une vraie bête

Starker Typ, tolle Frau

Il/elle est super!
> Echt starker Typ! / Tolle Frau!

Il/elle est chouette!
> Kann ich gut leiden!

Il/elle est sympa! / T'es sympa!
> Netter Typ!/Nette Frau! / Du bist echt nett!

Un vrai pote!
> Ein echt guter Kumpel!

Il/elle est mignon/mignonne!
> Echt niedlich der Typ! / Süßes Girl!

Il/elle est branché(e)!
> Er/sie ist voll drauf!

Il/elle me branche (bien).
> Ich stehe (voll) auf ihn/sie.

Il/elle est fortiche.
> Er/sie hat echt was drauf!

C'est une vraie bête! (Er ist ein richtiges Tier.)
> Der/die bringt's total!

Il/elle est futé(e). (Er ist pfiffig.)
> Er/sie ist ein kluges Köpfchen.

Il est malin. / Elle est maligne.
> Er/sie ist ganz schön gerissen.

Il/elle est débrouillard(e).
> Er/sie kommt gut klar.

Il/elle se débrouille bien.
> Er/sie kriegt die Sache sauber hin.

C'est une grosse tête! (Er ist ein dicker Kopf.)
> Ein echter Intelligenzbolzen!

Il est fort! (stark)
　Der ist echt stark/bringt's gut!
Il/elle est costaud(e).
　Er/sie ist stark gebaut.
Il est baraqué!
　Der ist das reinste Muskelpaket.
Il est balaise (balèze)!　　**Il/elle pige vite.**
　Er ist ein Kraftprotz!　　　Er/sie kapiert schnell.

spitze, irre, affengeil

Eine ganze Reihe von Ausdrücken können nicht nur für Personen,
sondern auch für Dinge verwendet werden:

C'est extra!
> Find' ich echt toll!

C'est chouette!
> Toll!

C'est superchouette!
> Supertoll!

C'est hyperchouette!
> Echt wahnsinnig gut!

Super!
> Echt super!

C'est super bien!
> Echt stark! Affengeil!

C'est hyper / hyper bien!
> Das ist ja superaffengeil!

C'est cool / hypercool !
> Stark! / Saustark!

Ça assure! (Das versichert.)
> Das bringt's!

C'est le superpied!
> Rattenscharf!

C'est génial!
> Absolute Spitze!

C'est marrant!
> Das ist ja witzig!

C'est dingue ce truc! (verrückt)
> Das ist ja die Wahnsinnssache!

La classe! / La grande classe!
> Das ist ja 'ne Supersache! Echt Klasse!

C'est tordant! (krümmend)
> Da kringelt man sich ja vor Lachen!

Ça boume!
> Das haut 'rein!

Ça me branche (bien)!
> Das macht mich (voll) an!

Ça roule comme sur des roulettes.
> (Das rollt wie auf Rollschuhen.)
> Das läuft wie geschmiert.

C'est nickel!
> Blitzsauber!

Ça marche! (läuft)
> Gebongt!

Ça roule! (rollt)
> Alles geritzt!

Tout baigne! (Alles badet!)
> Alles läuft wie geschmiert.

Ça promet! (Das verspricht!)
> Kommt gut!

avoir le vent en poupe (den Wind von hinten haben)
> Aufwind haben

C'est good.
> Das ist gut.

Le pied! (der Fuß)
> Saustark!

Ça gaze!
> Da geht die Post ab!

C'est rigolo!
> Scharf!

Ça va barder

Streit und Anmache

In zwischenmenschlichen Beziehungen gibt es immer wieder Spannungen. Man sollte allerdings nicht unbedingt gleich mit folgendem Vokabular einsteigen. Trotzdem ist es sicher ganz gut, sein Gegenüber zu verstehen – damit man weiß, wann man 'die Biege' machen muß.

en vouloir à quelqu'un (Il m'en veut.) (jemandem etwas wollen)
> jemandem was nachtragen, anhängen

une engueulade
> das Anschreien/Rumschreien

engueuler, s'engueuler
> (sich) anschreien

chialer
> rumheulen, flennen

(se) faire la gueule ((sich) die Schnauze machen)
> jemandem (sich gegenseitig) die kalte Schulter zeigen

pester
> rumkeifen (meist nur auf Frauen angewandt)

une peste* (C'est une vraie peste.*) (die Pest)
> Nerverin, Nervensäge

être de mauvais poil (von schlechtem Haar sein)
> schlechter Laune sein

être mal luné
> schlechter Laune sein

faire des histoires (Geschichten machen)
> Schwierigkeiten/Ärger machen

une baffe / une claque
> eine Ohrfeige

donner une raclée à qn
> jemandem eine Tracht Prügel, eine Abreibung verpassen

se bagarrer avec qn

       sich mit jemandem prügeln/schlagen

la bagarre

       Prügelei, Schlägerei

bousiller qn (Il l'a bousillé.)

       jemanden zusammenschlagen

rouspéter, râler

       rumschnauzen

moufter, broncher

       die Schnauze aufmachen (protestieren)

Je ne peux plus le saquer/sentir!

       Ich kann ihn nicht mehr ausstehen.

Ça va barder!

       Gleich geht's rund!

se bouffer le nez

       sich gegenseitig anmachen, sich streiten

Des claques! / Des baffes!

       Einen in die Fresse! / Hau ihm eine runter! (je nach
       Zusammenhang mehr oder weniger drastisch gemeint)

Tu vas t'en ramasser une!

       Du fängst dir gleich eine ein!

Tu me soûles!* (Du machst mich besoffen!)

       Laber mich nicht voll!

Ça me broute!* / Ça m'énerve!

       Das macht mich wahnsinnig! / Das nervt mich!

faire sortir qn de ses gonds

       jemanden zum Aus-der-Haut-fahren bringen

Il y a le torchon qui brûle! (Da brennt das Handtuch!)

       Da gibt's Ärger!

Il y a de l'eau dans le gaz! (Da ist Wasser in der Gasleitung!)

       Der geht gleich in die Luft!

foutre une claque à qn*

       jemandem eine runterhauen

casser la gueule à qn*
> jemandem die Fresse polieren

se foutre de la gueule de qn
> jemanden verarschen

faire la gueule
> eine Schnute ziehen, beleidigt sein

Il ne faut pas tirer sur les ambulances!
> (Man darf nicht auf die Krankenwagen schießen.)
> Der Typ ist sowieso fertig!

Tu (me) cherches la merde?
> Suchst du Ärger? Willst du mich anmachen?

Hau bloß ab!

Fiche-moi la paix! / Fous-moi la paix!
> Laß mich in Frieden!

Dégage! / Du vent! / Du balai! / Casse-toi! / Barre-toi! / Tire-toi!
> Verpiß dich! / Mach die Biege!

Lâche-moi les baskets! (Laß meine Turnschuhe!)
> Laß mich in Ruhe!

Va voir si j'y suis! (Sieh nach, ob ich dort bin.)
> Laß mich bloß in Ruhe! Hau bloß ab!

Tu me pompes l'air! (Du nimmst mir die Luft weg.)
> Du gehst mir auf den Geist!

Tu me tapes sur les nerfs! (Du haust mir auf die Nerven.)
> Du gehst mir auf die Nerven!

Tu me casses les pieds! (Du machst mir die Füße kaputt.)
> Ich kann dich am Kopf nicht ab!

T'es un casse-pieds!
> Du bist eine Nervensäge!

Va te faire foutre!* / Va te faire voir!
> Verzieh dich! Zieh Leine!

Ta gueule! / Ferme-la!* / Ecrase!
> Halt die Klappe! Halt deine Schnauze!

Tu me fais chier!* (Du machst mich scheißen!)
   Du kotzt mich an!
Tu m'emmerdes!*
   Du Arschloch!
Va te faire enculer!* (Laß dich in den Arsch ficken!)
   Fick dich doch selbst! / Arschficker!

Tu me casses les couilles!* (Du machst mir die Eier/Hoden kaputt!)
   Du gehst mir auf die Eier!
Tu me les gonfles!* (Du bläst sie mir auf! (die Eier))
   Du gehst mir auf den Sack!
Tu me pelles le jonc!* (Du schälst mir den Schwanz!)
   Du kannst mich mal am Arsch lecken!

Il est niais

Beleidigungen und Schimpfwörter

Mit diesen Ausdrücken kann man auf drastische Weise zu verstehen geben, was man von seinen lieben Mitmenschen hält. Man kann es ihnen direkt sagen oder aber jedem, der daran interessiert ist (oder auch nicht). Eines ist allen gemeinsam: Besser man versteht die folgenden Ausdrücke, als daß man sie jemand anderem zu verstehen gibt!

Il/elle n'est pas très futé(e)!
>Er/sie ist nicht gerade eine(r) der Intelligentesten.

Il/elle n'est pas très fu(te)-fute.
>Er/sie ist nicht ganz klar im Kopf.

Il/elle est benêt. (Er ist ein Dummkopf.)
>Er/sie hat einen Sockenschuß.

Il/elle est barjot.
>Er/sie hat 'nen Schlag in der Pfanne.

Il/elle est cinglé(e).
>Er/sie ist nicht ganz dicht im Kopf.

Il/elle est taré(e). (Er ist beschädigt.)
>Er/sie hat 'ne Macke.

Elle est nunuche.
>Sie ist völlig bescheuert.

Il est niais!
>Er ist völlig dösig/doof!

Il/elle comprend que dalle. (Fliese)
>Er/sie versteht nicht die Bohne!

Il lui manque une case. (Ihm fehlt ein Feld.)
>Er hat nicht alle Tassen im Schrank.

Il lui manque un boulon. (Ihm fehlt ein Bolzen.)
>Der hat 'ne Schraube locker.

C'est une vraie poire! (Das ist eine richtige Birne!)
>Was ist das bloß für ein Schwachkopf/Naivling!

Il n'est pas clair! (Er ist ist nicht klar!)
>Der ist nicht ganz klar in der Birne!

Il/elle est (complètement) nul(le)! (Er/sie ist eine komplette Null.)
>Der/die ist eine (absolute) Null!

Il/elle déconne!*
>Er/sie spinnt total.

Il/elle est vraiment gonflé(e)! (Er ist wirklich aufgeblasen.)
>Der/die geht wirklich zu weit!

Il/elle est con(ne) comme tout!*
>Er/sie ist so doof, daß es nicht zum Aushalten ist!

Il m'emmerde avec ses trucs à la con!*
>Der geht mir total auf die Eier mit seinem Scheiß!

C'est un frimeur! / Quel frimeur! (Schwindler)
>Was für ein Angeber / Lackaffe / Motzer!

Ça frime!
>Das/der motzt!

83

Auch das Äußere ist ein beliebter Anlaß zum Spott:

Il/elle est moche comme tout!
>Er/sie ist abartig häßlich!

C'est un boudin!* (Blutwurst)
>Die ist wirklich ein Ausbund an Häßlichkeit!

Il/elle est dégueulasse!*
>Er/sie ist absolut widerlich/abstoßend!

Quelle truie!* / Quel porc!*
>So eine Drecksau (Frauen)/ein Dreckschwein (Männer)!

Il/elle est con comme un balai!* (Er/sie ist so dumm wie ein Besen!)
>Er/sie ist so doof wie Bohnenstroh!

T'es débile! / T'es deb' comme mec!* (schwachsinnig)
>Du bist ja völlig bescheuert, Typ!

Il est complètement taré/gelé ce mec! (eingefroren)
>Der Typ spinnt ja völlig!

Il pète plus haut que son cul.* (Er furzt höher als sein Arsch.)
>Der überschätzt sich ganz schön.

Wer ganz beleidigend oder wirklich ausfallend werden will, bedient sich der folgenden Vokabeln (aber Vorsicht!):

Pauvre con/connasse!*
>Du Idiot!

Fumier! / Connard! / Salaud!*
>Blöder Kerl! Saukerl! Miststück!

Espèce de salaud/salopard/con!*
>Scheißtyp!

Connasse! / Salope! / Pétasse!
>Dumme Kuh! Miststück! Arschloch! (für Frauen)

Espèce de salope/connasse!*
>Miststück!

Espèce de pute! / Pute!*
>Fotze!

Espèce de pourri!* (verfault)
> Du stinkendes Miststück! Stück Scheiße!

Enfoiré / Trou du cul!*
> Arschloch! (eher für Männer)

Traînée!*
> Schlampe!

Merdeux! / Merdeuse!*
> Scheißer! / Scheißmieze!

Il/elle est con(ne) comme ses pieds!*
> (Er/sie ist so dumm wie seine/ihre Füße.)
> Er/sie ist saudumm!

C'est un emmerdeur/emmerdeuse comme c'est pas possible!*
> Der/die geht mir absolut auf den Keks!

faire un mimi

Zwischengeschlechtliches

Das ist natürlich ein höchst interessantes Gebiet. Und wie bei allem, was tabuisiert, anrüchig oder auch nur pikant ist, gibt es hier eine wahre Fundgrube von Slang- und Szeneausdrücken. Der Witz bei der Sache ist natürlich, daß man nicht jeden Ausdruck in jeder Situation anwenden kann und vor allen Dingen nicht unbedingt gegenüber dem anderen Geschlecht.

Einige Ausdrücke sind recht zotig und nicht unbedingt zum Gebrauch gedacht. In der deutschen Übersetzung habe ich versucht, möglichst adäquate Ausdrücke zu finden; man erschrecke also nicht über vulgäre Begriffe. Die üblichsten Ausdrücke habe ich unterstrichen.

Le mec - der Macker

<u>le type</u>, <u>le mec</u>	der Typ
le gugus, le gus	der Kerl
le gosse	das Bürschchen
<u>le garçon</u>	junger (unverheirateter) Mann / der Junge
le morveux	die Rotznase
le gros	Dickerchen

La nana - das Mädchen

la gonzesse, **la nana**	Mädchen/Frau
la môme	Süße/Kleine
la nénette	Biene
la vieille	Alte
la poule	das Hühnchen
la grosse	Dicke
la minette	Mieze
la cocotte* (Dirne)	Nutte/Mäuschen (je nachdem)
la greluche*	Mieze
la meuf*	Schickse
la pisseuse* (Pisserin)	Möse

se câliner - schmusen

Elementar beim Anmachen und Turteln sind die richtigen Worte fürs Liebesgeflüster. Hier eine Auswahl der gebräuchlichsten:

mon/ma chéri(e)	mein Liebling
mon amour	meine Liebe
ma puce / ma pupuce	mein Floh / mein Flöhchen
ma biche (Hirschkuh)	mein Reh
mon lapin	mein Kaninchen/Hase
ma poupée	meine Puppe
ma douce	meine Sanfte
mon canard	mein Erpel
mon nounours	mein Bärchen
ma petite chatte	meine kleine Katze
Coquine! / Coquin!	Schelmin! / Schuft! Schelm!
Elle est câline.	Sie ist eine Schmusekatze.
Il est câlin.	Er schmust gerne.
se câliner	schmusen

faire un mimi / bisou	}	Küßchen geben
faire des papouilles		
se bécoter		knutschen, sich küssen

La drague - die Anmache

Alle zwischengeschlechtlichen Beziehungen beginnen beim Flirt: Anmachen und angemacht werden ist angesagt!

Il/elle m'a tapé dans l'oeil.
(Er/sie hat mir ins Auge gehauen.)
Er/sie ist mir aufgefallen.

C'est le coup de foudre! (Das ist der Blitzschlag!)
Das ist Liebe auf den ersten Blick.

trouver chaussure à son pied (einen Schuh für seinen Fuß finden)
jemand Passenden aufreißen

draguer
anmachen

roucouler
flirten/turteln

Il/elle l'a dragué(e).
Er/sie hat sie/ihn angemacht.

Il/elle l'a branché(e)!
Er/sie hat's klargemacht.

avoir la cote (das Aktenzeichen haben)
'ne Schnitte haben

avoir la supercote
einen Stein im Brett haben

Il/elle a un ticket avec lui. (Eintrittskarte)
Er/sie hat ihn/sie schwer beeindruckt.

Il/elle a un ticket d'enfer. (höllische Eintrittskarte)
Er/sie hat Feuer gefangen.

Je l'ai dans la peau. (Ich habe ihn/sie in der Haut.)
> Er/sie geht mir nicht aus dem Kopf.

Il/elle m'a embobiné(e). (Er/sie hat mich eingewickelt.)
> Er/sie hat mich becirct.

faire un câlin
> knutschen

se faire un plan câlin
> sich abknutschen, zärtlich zueinander sein

Aber der Flirt kann auch schlecht ausgehen:

Il/elle m'a posé(e) un lapin.
> (Er/sie hat mir ein Kaninchen gegeben.)
> Er/sie hat mich versetzt.

Il/elle m'a laissé(e) tomber. / Il/elle m'a jeté(e).
> Er/sie hat mich versetzt.

Il/elle m'a laissé(e) en rade.
> (Er/sie hat mich an Ankerplatz gelassen.)
> Er/sie hat mich versetzt.

Il/elle a filé(e).
> Er/sie hat die Biege gemacht.

Il/elle a foutu le camp.
> Er/sie ist abgehauen.

Il/elle s'est barré(e).
> Er/sie hat sich verpißt.

Il/elle l'a plaqué(e).
> Er hat sie (mit einer anderen) verlassen.

Körperliches

Tja, wenn es mit der Partnersuche geklappt hat, dann wird's ernst: Wie die "Dinge" des Begehrens benennen? Fangen wir mit einigen unverfänglichen Körperteilen an - quasi zum Aufwärmen:

la tronche	das Gesicht
la gueule	die Fresse
la figure	die Visage
les babines	die Lippen
les tifs	die Matte (Haare)
le pif	der Zinken (Nase)
les pattes	die Pfoten (Hände)
les panards	die Quadratlatschen (Füße)
le bide	der Wanst
le bidon	die Plautze (Bauch)
le châssis (die Karosserie)	Körper einer Frau

Elle a le feu au cul.* (Sie hat Feuer im Arsch.)
>Die Frau ist echt geil / heiß 'drauf!

Il/elle est bien balancé(e).
>Der/die sieht stark/super aus.

Il est balèze!
>Er hat 'nen tollen, muskulösen Körper!

Elle est canon! (Die ist Kanone!)
>Die sieht super aus!

90

Il est nainbus! (Er ist zwerghaft.)
>   Der ist winzig!

Il a de la brioche / du bide. (Milchbrötchen)
>   Er hat einen Speckbauch.

C'est une grande asperge! (Das ist ein großer Spargel.)
>   Der/die ist eine lange Bohnenstange!

C'est une grande bringue!
>   Die ist eine lange Latte! (nur für Frauen)

Il est mal foutu. (verpfuscht)
>   Der hat einen völlig verbauten Körper!

So, das soll reichen. Viel interessanter sind ja die Geschlechtsteile. Beginnen wir mit denen des Mannes. Da gibt es so viele Bezeichnungen, daß man Seiten damit füllen könnte. Eine davon ist allgemein so bekannt geworden, nämlich durch ein Chanson, in dem Pierre Perret liebevoll den **Zizi** (gesprochen: "sisi") besingt.

Die folgenden Bezeichnungen sind die gebräuchlichsten Varianten für "Penis, Pimmel, Schwanz, Zipfelchen" und was es sonst noch für Ausdrücke geben mag. Die gebräuchlichsten sind wieder unterstrichen, die ganz vulgären mit einem * versehen:

l'asperge (der Spargel)
le braquemart / la biroute
le dard (der Stachel)
l'engin (die Maschine)
la quéquette
<u>**le zizi**</u>
le popaul (Zipfelchen)
le cigare à moustache (Zigarre mit Schnurrbart)
la bite* / le jonc*
le noeud* (der Knoten)
la pine* / le zob*
<u>**la queue***</u> (der Schwanz)

Ausdrücke für "Hoden, Eier, Sack":

les boules (die Kugeln)
les bijoux de familles (der Familienschmuck)
les baloches
les noisettes (die Nüßchen)
les olives (die Oliven)
les précieuses (die Wertvollen)
<u>**les roubignolles**</u>
les valseuses (die Walzertanzenden)
<u>**les roupettes**</u>
les burettes* (Ölkanne)
<u>**les burnes***</u>
<u>**les couilles***</u>
<u>**les bourses**</u> (Geldbeutel)

Was die Geschlechtsteile der Frau betrifft, so gibt es auch eine reichliche Auswahl für "Möse, Fotze" und ähnliche Bezeichnungen:

la figue (die Feige)
la minette (die Mine)
<u>**le minou**</u> (die Möse)
la moule (die Muschel)
le panier (der Korb)
la pâquerette (das Gänseblümchen)
la craquette
<u>**la chatte***</u> (die Katze)
<u>**le con***</u> (Fotze)
la motte* (der Butterklumpen)

Ausdrücke für Brüste:

les tétons (Brüste)   **les boîtes à lait*** (Milchbüchsen)
les nibards   <u>**les lolos***</u> (lolo = Milch)
les roberts

les roploplots **les niches*** (Titten)
les mandarines **les nichons**
les nénés (Titten)

Auch Po, Hintern und Anus (bei Mann und Frau gibt's da keinen Unterschied!) zählen zum Bereich der erogenen Zonen, zumindest wenn es nach der Reichhaltigkeit der Ausdrucksvarianten geht (die beiden letzten Ausdrücke entsprechen eher dem "Arsch"):

les fesses
le derrière
le derche
les miches (die Brotlaibe)
le croupion
le panier
le pétard (Kanonenschlag)
le popotin (Popo)
la croupe* (die Kruppe)
le cul*

Ausdrücke für Arschloch:

le troufignon
l'oignon * (die Zwiebel)
l'oeillet* (die Nelke)
la pastille* (die Pastille)
la rondelle* (die (Wurst-)Scheibe)
le trou de balle (das Kugelloch)
le trou du cul* (Arschloch)
l'entrée des artistes* (Künstlereingang)

Für das, was sich in diesen Zonen abspielen kann, gibt es eine ganze Bandbreite von Spielarten, die mit ebensovielen Begriffsvarianten belegt werden können.

Elle me fait bander!
    Sie macht mich total heiß/geil!
Je bande pour elle!
    Ich bin geil auf sie!
tripoter
    befummeln
peloter
    begrapschen
rouler un patin / une pelle
    einen Zungenkuß geben
Je bande!*
    Ich hab 'nen Steifen!
Je bande comme un taureau/turc!* (wie ein Stier/Türke)
    Ich hab 'ne tierische Latte!
Je mouille!* (Ich werde naß!)
    Ich bin ganz feucht!
Je mouille pour lui!*
    Ich bin geil auf ihn!
Il me fait mouiller!* (Er läßt mich naß werden.)
    Er macht mich geil!

So, und nun das Unvermeidliche, Ausdrücke für den Geschlechtsverkehr; die gebräuchlichsten Wendungen sind wieder unterstrichen:

bumsen

Die folgenden Ausdrücke stehen alle für "bumsen, vögeln, ficken":

s'envoyer en l'air (sich in die Luft schicken)
faire une partie de jambes en l'air (eine Beinpartie in der Luft machen)
baiser qn* (nicht zu verwechseln mit **le baiser** = der Kuß)
sauter qn* (springen)
se l'envoyer* (sich ihn/sie zu Gemüte führen)
bourrer* (stopfen)
niquer*
se la/le taper / faire* (sie/ihn sich machen - vornehmen)
se faire mettre* (sich legen lassen (Frau))

décalotter	die Vorhaut zurückstreifen
le foutre	Sperma
juter*	(ab)spritzen
le jute*	Sperma
la mouille* (Saft)	Mösensaft
la capote / la cagoule	Kondom, Präser

Einige technische Varianten:

sucer (lutschen)
faire/tailler une pipe
   (eine Pfeife machen/schnitzen)
pomper le dard / le noeud*   Fellatio
   (den Schwanz pumpen)
faire un pompier / un pompelard*
   (einen Feuerwehrmann machen)

faire minette
manger/bouffer le con* (Muschi essen)
lécher le con* (lecken)   Cunnilingus
brouter

enculer* / l'enculeur*   arschficken / Arschficker
la pédale   Arschficker (abwertend für
                                     Schwuler)
tourner la page (die Seite wenden)   von hinten nehmen

faire une partouze
partouzer   Rudelbumsen,
faire une partie carrée   Gruppensex machen
  (eine Partie im Quadrat machen)
prendre son pied   einen Orgasmus haben

Nun, das soll reichen. Weiter geht's mit Ausdrücken für onanieren/
masturbieren:

la veuve Poignet   das Wichsen
  (die Witwe "Handgelenk")
se caresser l'asperge*
  (seinen Spargel streicheln)   wichsen (Männer)
se taper la colonne*
  (sich die Säule schlagen)
(s') astiquer (le bouton)*   wichsen (Frauen)
  (den Knopf polieren)
<u>**(se) branler***</u>   ⎫
faire la branlette*   ⎬   wichsen (Mann/Frau)

96

Il a viré sa cuti! (Er ist beim Impftest negativ geworden.)
Er hat zum anderen Ufer gewechselt!

le pédé(raste)	der Schwule
la tante (die Tante)	die Tunte
la tantouse	die Schwuchtel
le travelo	der Transvestit
Il marche à voile et à vapeur!	Der ist bi(-sexuell).
(Er läuft mit Segel und mit Dampf.)	
une lesbienne / une gouine	eine Lesbierin / eine Lesbe

negative Begleiterscheinungen

Il/elle a des valises sous les yeux!
        (Er/sie hat Koffer unter den Augen.)
        Er/sie hat Ränder unter den Augen!

Il/elle a pris un coup de vieux!
        Er/sie ist plötzlich um einen Schlag gealtert!

Il/elle a 20/30 ans bien sonnés!
        (Er/sie hat 20/30 gut geschlagene Jahre!)
        Er/sie sieht ganz schön alt aus für seine/ihre 20/30 Jahre!

Elle a déjà des heures de vol!
        (Die hat schon viele Flugstunden hinter sich!)
        Die treibt's schon lange!

Elle a bien donné d'elle-même!*
        (Die hat schon viel von sich gegeben.)
        Die ist ja schon ganz schön verlebt!

Ça fait longtemps qu'elle s'envoie des types!*
        Die bumst schon seit langem mit Typen rum!

Beaucoup lui sont passés dessus.*
        Die hat schon viele drübergelassen.

J'ai la bite en feu!*
        Mein Schwanz brennt wie Feuer!

Il/elle a chopé une saloperie!
        Er/sie hat sich eine Geschlechtskrankheit zugezogen!

Literatur zum Thema

Abschließend sei noch auf einige nicht-wissenschaftliche Bücher zur französischen Umgangssprache und des französischen **argot** als weiterführende oder ergänzende Literatur hingewiesen:

● **Anders reisen (Sprachbuch Frankreich).** rororo. (Ein guter, ergänzender Einführungsband mit einem allerdings begrenzten umgangssprachlichen Vokabular, "harte" und neuere Ausdrücke fehlen.)

● **Sätze aus dem Alltagsgespräch.** Phrases de tous le jours. Deutsch-Französisch. Von Hahn/Gaudry. Hueber. (Das Buch ist nicht spezifisch umgangssprachlich, aber kommunikationsorientiert angelegt. Aufbau nach dem Prinzip: "Was sage ich in welcher Situation?" Etwas stereotype Satzmuster sind leider nicht zu vermeiden.)

● **Le français avec les Frustrés.** Ein Comic-Sprachhelfer. Von Claire Brétecher/ Isabelle Jue/Nicole Zimmermann, rororo Sprachen. (Eine lustige, weiterführende und ergänzende Einführung in die französische Umgangssprache und "Alltagskultur" - allerdings mehr in die der Intellektuellenschicht - anhand der Comic-Zeichnungen "Die Frustrierten" von Claire Brétecher. Gut erklärt und kommentiert.)

● **Ne mâche pas tes mots!** Nimm kein Blatt vor den Mund! Französische Redensarten und ihre deutschen Pendants. rororo Sprachbuch. (Von M.-Th. Pignolo und H.-G. Heuber. Eine umfangreiche Auflistung vieler gebräuchlicher, manchmal auch weniger gebräuchlicher französischer Redensarten. Interessant, aber für die alltägliche Handhabung nicht immer brauchbar.)

● **Französische Sprichwörter,** dtv. (Hat nichts mit dem Alltagsfranzösisch zu tun, sondern enthält fast ausschließlich Sprichwörter aus dem literarischen Bereich.)

● **1000 französische Redensarten.** Langenscheidt. (Enthält viele Redensarten und noch mehr Redewendungen, die im Alltag vorkommen. Lustige Aufmachung, gute Einbettung in sprachliche Zusammenhänge, gute Erklärungen.)

● **Dictionnaire du français argotique et populaire.** Von François Caradec. Taschenausgabe, Larousse/CVK. (Ein regelrechtes, alphabetisch geordnetes **französisches** Wörterbuch der französischen Argot- und Umgangssprache (250 Seiten), mit französischen Erklärungen. Sehr umfangreich, teilweise sehr speziell, manchmal etwas veraltet, mit einem sehr interessanten Vorwort über französische Umgangssprache.)

● Die größte Fundgrube für französischen Slang und umgangssprachliche Ausdrücke sind aber folgende Comics (für Erwachsene!), die man an fast jedem Kiosk in Frankreich kaufen kann und aus denen die meisten "Sprechblasen" dieses Büchleins stammen: **Métal Hurlant, Pilote, Mensual Charlie, L'Echo des Savanes, Circus** u. a.

Register

A

abricot 55
accompagnements 33
acide 42
accro 52
ado(lescent) 15
affaire 45
air 80, 95
Allô Stop 20
ambulance 80
amerloque 40
amour 87
amuse-gueule 32
angliche 40
anschluss 14
apéritif 32
apéro 26
ardoise 36
armagnac 33
arme 66
arrondir 46
armotisseur 55
artiste 93
asperge 91, 96
assurer 78
astiquer 96
autoroutes 18
autostop 20
autostoppeur 20
autostoppeuse 20

B

babacool 39
babines 90

babtou 59
bac(calauréat) 17
bad 59
baffe 78, 79
bâfrer, se 34
bagarre 79
bagarrer 79
bagnole 21
baigner 77
baiser 73, 95
baladeur 13
balai 80, 84
balancé 90
balèze 75
balles 35, 36, 37
ballon 26
baloches 92
bamboula 39
bande dessinée 44
bander 94
banlieue 19, 23
bar 26, 34
baragouiner 50
baratin 50
baratiner 50
barbe 69
barder 79
barjot 82
baraqué 75
barré 89
barrer 49
barrer, se 80
basket 80
bastonner 60
bâton 36
baver 71

b.d. 44
beauf 38
bécane 21
bécoter, se 88
belette 51
belledoche 38
bémol 50
benêt 82
berlingot 55
bête 74
béton 17
beu 60
beubon 53
beur 39
bic 39
biche 87
bicot 39
bide 90, 91
bidon 70, 90
bidonville 19
biftons 36
big 52
bigophoner 44
bijoux de familles 92
billard 65, 66
bille 29
billet 23
biomanes 51
biroute 91
bisou 88
bistouri 55
bistro 26
bistroquet 26
bite 55, 57, 91, 97
biture 29
black 39

99

blanc 33
blé 35
bléca 17
bled 20
blitzkrieg 14
blonde 27
blouson noir 41
boche 40
boîte 25, 45, 92
bol 72, 73
bordel 25, 70
borne 21
bosser 45
bouchon 18
boudin 84
bouffe 31
bouffer 31
bouffer, se 79
bouffon 39, 54
bougnoul 39
boule 70, 92
boulifiant 53
boulon 82
boumer 49, 77
bouquin 44
bourgeon 55
bourré 28
bourre 45
bourrer 95
bourses 92
bousiller 79
bouteille 33
bouton 96
braire 71
branché 17, 39, 74, 88
brancher 74, 77
branler 66, 69, 96
branlette 96
braquage 59

braquemart 91
bras longs 45
bretelles 47
briefing 14
bringue 25, 91
bringuer 25
brioche 91
brique 36
broncher 79
bronze 30
bronzé 40
brousse 20
brouter 79
brûler 21, 79
brune 27
bûche 29
burettes 92
burnes 92
buvette 26

C

câblé 17
caca 30
café 26, 33
cagoule 55
caillera 41, 59
caisse 21, 30
câlin 56, 87, 89
câliner, se 87
came 17, 42
camescope 43
camp 89
canard 44, 87
cancre 47
canon 26, 90
caoutchouc 55
capote 95
carafe 33

carte, à la 32
case 82
casse 41
casser 29, 49, 60, 80
casser, se 80
cata 53
causer 50
causette 50
centre(-ville) 19
chaîne 43
champignon 21
chariot 33
châssis 90
chatoune 55
chatte 87, 92
chaud 71
chaussure 88
chébran 17
chèque en bois 36
chérie 87
chialer 78
chiant 68, 69
chiasse 30
chibre 55
chier 30, 69, 81
chinetoque 39
chiottes 30
choper 22, 65
chou 54
chou blanc 73
chouette 74, 76
cigare 91
ciné(ma) 17
cinglé 82
cinoche 25
cirer 69
clair 83
claqué 64
claque 78, 79

classe 77
clochard 15
cloche 41
clodo 15, 41
clope 9
clou 21
cocotte 87
cognac 33
coincé 71
coincer 72
coke 42
colonne 96
comaté 62
combine 48
communication 43
compote 63
comptoir 26
con 68, 83, 84, 92, 96
conasse 55, 84
cône 61
connard 84
con(ne) 83, 85
connerie 70
conneries 62
contredanse 22
cool 13, 52, 59, 67, 76
copain 38
copine 38
coquillage 56
coquin 87
coquine 87
costaud 75
cote 88
cou 72
couchette 23
couilles 53, 81, 92
couler 30
couler, se 66
coup 26

coup de barre 64
coup de bigo 44
coup de fil 44
coup de foudre 88
coup de pompe 64
coup de speed 60
coup de turlu 44
coup de vieux 97
courante 30
couvert 32
craignos 69
craindre 69
cramé 59
cramouille 55
craque 64
craquer 69
craquette 92
cravate 26
crécher 24
créneau 21
crevé 64, 66
criser 46
croisement 18
croupe 93
croupion 93
croquer 61
croûte 31
cuit 71
cuite 29
cul 54, 56, 71, 84, 85, 90, 93
culotte 57

D

dalle 31, 82
dame-pipi 30
danser 25
dard 91, 95

dealer 42
deb' 84
débile 84
débordé 45
déboussolé 29
débrouillard 74
débrouiller, se 24, 74
déca 33
décalotter 95
dèche 37
déconner 83
défait 62
défoncé 52, 62
dégager 80
dégoûter 69
dégueulasse 84
délire 52
démerdé 72
démerder, se 24
demi 27
dent 34
dents longues 45
dépouillé 62
derche 93
derrière 93
dessert 33
destroy 53
deudeuche 21
déviation 20
diesel 19
digestif 33
dingue 39
direction 18
disjoncté 52
distingué 27
D.J. 13
doigt 65, 67, 72
dope 42
dos 71, 72, 73

101

double file 21
douce 87
doudounes 55
dragué 88
draguer 88
drap 72
dreu 61

E

eau 73, 79
eau de vie 33
éclater, se 25, 52
écolo 39
ecta 61
embobiné 89
embouteillage 18
émission 43
emmerder 69, 81
emmerdes 72
emmerdeur 85
emmerdeuse 85
encanailler 56
enculer 81, 96
enculeur 96
énerver 79
enfant 72
enfer 69
engin 91
engueulade 78
engueuler 78
engueuler, se 78
enntrée 18
enregistrer 43
entrée 32, 93
envoie, se 97
envoyer 95
essence 18
éventail 65

expo(sition) 17
express 23, 33
extra 76
extra(ordinaire) 15

F

faim 31
faire mettre, se 95
faire péfra 60
faire tache 53
faire voir 80
fana 39
fast 32
fastfood 32
fauché 37
faune 49
faux col 26
fayoter 46
fesse 11
fesses 93
feu 21, 46, 66, 67, 90, 97
feuilleton 43
feuj 59
fiche 67
ficher 66
fifille 38
figue 92
figure 29, 90
filé 89
fille manhattanisée 14
film 25, 62
fins de mois 46
fion 54
fiston 38
flagada 63
flasher 57
flemmard 67

flemme 67
flic 22, 41
flicaille 41
flip 62
flipper 13, 43, 60
flirt 13
flotte 27
FM 43
foiré 73
forcing 45
forme 66
fort 75
fortiche 74
fou 67
foufoune 55, 56
foune 55
foutre 71, 79, 80, 89
foutre, le 95
foutu 91
fracasser 62
fraîche 35
francs 35
frangin 38
franglais 13
fric 35, 37, 45
frigidaire 17
frigo 17
frimer 83
frimeur 83
fromage 33
frousse 64
führer 14
fumier 84
futé 74, 82

G

gaffe 73
galère 46, 69

garage 19
garçon 86
garer, se 21
gars 49
gaz 79
gazer 77
géant 52
gelé 84
gendarme 22
génial 77
gerber 53
giga 68
gitans 59
glandé 66
glauque 53
gnolgui 39
goinfre 34
goinfrer, se 34
gond 79
gonflé 83
gonfler 81
gonzesse 51, 87
good 77
gosier 26
gosse 30, 86
gouine 97
gouré 24
gourmand 34
gourmet 34
gratte-papier 44
grave 53
greluche 87
gribouiller 44
grignoter 31
griller 21
gris 28
grognasse 51
gros 86
grosse 87

gueule 29, 72, 78, 80, 90
gueuleton 31
gugus 86
guignol 39, 47
gus 86

H

hallucinant 52
hard 53
hardos 53
hebdomadaire 44
herbe 42
heures de vol 97
histoire 78
homme 41
hors-d'oeuvre 32
hosto 65
H.S. 64
hyper 68, 76
hyperchouette 76
hypercool 76

I

ieufs 51
iev 51
impec(cable) 15
imperméable 55
informations 43
infos 43
infusion 33
intello 39

J

jambes 63
jambes coupées 63

jambes en coton 63
java 52
jeté 89
jeter 47
joint 13, 42
joko 61
jonc 81, 91
juce 61
jules 41
julot 41
junkie 42
jute 95
juter 95

K

K7 15
keubla 59
keufs 41
keum 51
kif 42, 52, 60
kifer 61
know-how 14
krach 14

L

laisser 49
lampe 34
lapin 87, 89
larbin 46
lardus 41
largué 47
lèche-cul 46
légumes 32
lesbienne 97
lolos 92
loub(ard) 15, 41

loufer 30
louper 23
luné 78

M

mac 41
macaroni 40
macdo 32
magazine 44
magnétoscope 43
magouille 48
magouiller 48
mal 71
maladie 65
malin 74
manche 37
manche de pelle 28
mandarines 93
manif(estation) 17
manouche 59
manque 42
maquereau 41
marche 71, 77
marmite 54
marrant 77
marre 71
masser 69
matinée 65
matos 60
max(imum) 15
mec 38, 84, 86
meca 17
mecs 49
médias 43
meeting 14
méga(-mode) 68
melon 39
mémé 38

menu 32
merde 42, 69, 72, 80
merdeux, merdeuse 85
mère 17
météo 43
métèque 39
meuf 51, 55, 87
meule 21
miches 93
microbe 65
mignon 74
mimi 88
minette 77, 92, 96
minitel 44
miniteler 44
minou 92
mixage 13
mob 21
mocher 84
môme 87
momie 54
monitoring 14
mort 64
morveux 86
motte 92
moufter 79
mouille 95
mouiller 94
moule 92
moustaches 91
mûre 50
murge 29
must 13

N

nainbus 91
nana 38, 87
nase 69

nationales 19
neige 42
nénés 93
nénette 87
nerf 80
nez 67, 79
niais 82
nibards 92
niches 93
nichons 93
nickel 77
niquer 54, 95
noeud 91, 85
noich 59
noir 28
noisettes 92
nord 29
note 36
nounours 87
nul 47, 53, 68, 83
nunuche 82

O

obus 55
occase 21
OD 62
off-road 53
oeil 72, 88
oeillet 93
oignon 93
oinj 61
olives 92
opéra 25
ordinaire 19
orteil 65
oseille 35
out of Africa 62
overdose 42

P

paf 28
page 96
paix 80
panaché 27
panards 90
panier 92, 93
panneau 18
papillon 22
papoter 50
papouilles 88
pâquerette 92
par-dessus 71
parigot 40
parking 18
partie carrée 96
partie de jambes 95
partnering 14
partouze 57, 96
partouzer 96
passe 41
pastille 93
patin 94
pattes 90
paumé 24
péages 18
peau 89
peau des fesses 37
pêche 66
pédale 96
pédé 15, 97
pédéraste 15, 97
pègre 41
pelle 94
peloter 94
pénard 67
pénarde 67
pépé 38

pépin 72
pepon 61
péquenot 39
père 17
perroquet 27
pervenche 22
peste 78
pester 78
pet 30
pétard 42, 93
pétasse 84
pété 28
péter 30, 66, 84
petit alcool 33
pétoche 64
pétos 61
pétrin 72
Phares 19
pichet 33
pied-noir 39
pied 21, 25, 65, 77, 80,
85, 88
pieds-plats 41
pieu 24, 65
pieuter 24
pieuter, se 65
pif 90
pige 60, 75
pinard 26
pine 91
pioncer 65
pipe 95
pipi 30
piquer 42, 65
pissenlit 66
pisser 30
pisseuse 87
pissoir 29
piston 48

pistonné 48
plan 52, 53, 60
plan ciné 25
plan délire 25
plan turvoi 60
planer 62
planté 24
plaque 36
plaqué 89
plat 32, 50
plat, à 63
plat du jour 31, 32
plat du marché 32
plâtre 46
plein 18, 28, 71
plomb 19
plus 49
pognon 35, 45
poids lourd 21
poil 78
pointe 59
poire 83
poireau 55, 56
poisse 73
poisson 30
pompier 95
pomplard 95
popaul 56, 91
popotin 93
porc 84
porte 47
pot 26, 33, 72, 73
pote 38, 74
pots de vin 48
pouce 32
poudre 42
poulardins 41
poule 87
poulets 41

105

poupée 87
pourri 85
pousse-café 33
précieuses 92
prendre une boîte 52
présentatrice 43
pression 27
prime 22
prochaine 49
prof(esseur) 17
prolo 39
promettre 77
prout 30
pub(licité) 17
pub 34
puce 87
punk 39
pupuce 87
pur 52
putain 11, 15
pute 15, 25, 41, 84

Q

quéquette 55, 57, 91
queue 91
quotidien 44

R

racaille 41, 54
raccourci 20
racine 66
raclée 78
rade 89
radin 37
radio 43
radio libre 43

radio locale 44
raffler 59
raide 62
raide mort 28
râler 79
ramasser 47
ramasser, se 79
ramer 66
rapiat 37
rapide 23
raplaplat 64
Rappel 19
ratatiner 60
raté 73
râtelier 46
rater 23
raton 39
realpolitik 14
régulier 41
relax 67
reme 17
remps 51
renoi 59
repe 17, 51
R.E.R. 23
resto du coin 31
resto(rant) 17
resto-route 18
retba 61
reubeu 59
reum 51
reup 51
reurti 60
riboule 52
ricain 40
rigolo 77
ringard 70
rital 40
R.N. 19

roberts 92
rocker 13
rondelle 56, 93
ronds-de-jambes 46
roploplots 93
rose 33
rotule 64
roubignolles 92
roucouler 88
rouge 33
rouleau 64
rouler 49, 66, 72, 77, 94
roulettes 77
roulure 41
roupettes 92
roupiller 65
roupillon 65
rouspéter 79
ruche 28
ruiné 62

S

sac 36
salade 50, 70
salaud 11, 84
salé 36
salopard 84
salope 84
saloperie 65, 70, 97
salut 49
sang 64
saquer 79
sauter 95
sauver 49
savon 47
savonnette 61
schleu 40
scotché 62

scoumoune 73
sec, à 37
self 32
sensas 15
sensationnel 15
sentir 79
service 19
shit 42
shoot 61
shooter 42
shooteuse 61
skin 39
snack 32
S.N.C.F. 23
sniffer 42
somme 65
sortie 18, 25
sortir 25
soûl 28
soûler 79
sous 35
speaker 43
speakerine 43
splif 61
squatter 53
station d'essence 18
stick 61
stombe 60
stop 20
stresser 46
streumon 54
strum 54
sucer 95
sucre 73
sunsea 60
super 19, 68, 74, 76
superchouette 76
supercote 88
superpied 77

supplément 23
sympa(thique) 15
sympa 74

T

tacos 62
talons 31
tante 97
tantouse 97
taper 37, 60, 95
tapin 41
tapiner 41
tapineuse 41
taré 82, 84
tarpé 61
tarte à poils 51, 55
tassé 26
taulard 41
taule 41
taureau 94
tchao 49
tchatcher 50
télé 17, 43
télécommande 43
téléphone rose 44
télévision 17
tête 36, 69, 71, 74
tétons 92
teub 54, 55
teuche 55
teuf 52, 60
teuté 69
teuton 40
T.G.V. 23
théâtre 25
thunes 35
ticket 88
tifs 90

tip-top 52
tirave 56
tire 21
tiré 71
tirer 49, 60
tirer, se 80
tisane 33
toile 25
toilette 29
tomate 27
tomber 17, 89
top 52, 53
torchon 44, 79
tordant 77
toubib 65
touffe 51, 56
tourné 73
tournée 26
tout 49
touze 57
toxico 15, 42
toxicomane 15
trafic 60
train 23
traîne-savates 41
traîné 66
traînée 41, 85
traîner 24
train local 23
tranquillo 67
travello 97
tribu 59
tripoter 94
tronche 54, 60, 90
troquet 26
trottoir 41
trou 93
trou de balle 93
trou du cul 93

107

troufignon 93
trouille 64
truc 68, 73, 77, 83
truie 84
turc 94
turvoi 17, 60
type 38, 86

V & W

vachement 68
valise 97
valseuses 92
vapeur 97
veinard 67, 72
veine 72
vélo 21
vent 77, 80
véritable 27
verlan 17
verre 26
verte 50
veuve Poignet 96
vidé 47, 64
vidéo 43
vieille 49, 87
viet 40
vieux 49
village 59
viré 25, 47, 97
virus 65
voies rapides 19
voile 97
voiture 17, 23
vol 59
vouloir 78
wagon-lit 23
waldsterben 14
walkman 13

Y & Z

youka 61
zapper 43
zappeur 43
zapping 43
zen 53
zesgon 51
zigoto 39
zinc 26
Z.I.P. 19
zizi 91
zob 91
zonard 41
zonc 60
zone 49
zoner 24
zoublon 59
Z.U.P. 19

Die Reihe KulturSchock

vermittelt dem Besucher einer fremden Kultur wichtiges Hintergrundwissen. **Themen** wie Alltagsleben, Tradition, richtiges Verhalten, Religion, Tabus, das Verhältnis von Frau und Mann, Stadt und Land werden nicht in Form eines völkerkundlichen Vortrages, sondern praxisnah auf die Situation des Reisenden ausgerichtet behandelt. Der **Zweck** der Bücher ist, den Kulturschock weitgehend abzumildern oder ihm gänzlich vorzubeugen. Damit die Begegnung unterschiedlicher Kulturen zu beidseitiger Bereicherung führt und nicht Vorurteile verfestigt.

8 Titel sind lieferbar, darunter:

Gabriele Kalmbach
KulturSchock Frankreich
204 Seiten, reichlich illustriert, DM 24,80

Dörte Jödicke, Karin Werner
KulturSchock Ägypten
204 Seiten, reichlich illustriert, DM 24,80

REISE KNOW-HOW Verlag Peter Rump GmbH, Bielefeld

ITALIENISCH FÜR OPERNFANS

oder: Sprachschule "Verdi & Co."

Wohl jeder Opernfan kennt Arienanfänge wie "La donna è mobile" oder "E lucevan le stelle" und verfügt damit schon, ohne sich dessen vielleicht bewußt zu sein, über eine ganze Menge verwertbarer Italienisch-Kenntnisse.

Mit "Italienisch für Opernfans" können diese Kenntnisse auf unterhaltsame Art verwertet und ausgebaut werden. Daß sich das Erlernen der schönsten Sprache der Welt damit so einfach wie nur möglich gestaltet, liegt auf der Hand, denn wenn man den Text einer Arie ohnehin schon mehr oder weniger gut kennt, ist es bis zum völligen Verständnis nur noch ein kleiner – und dabei vergnüglicher – Schritt.

Bei der Auswahl der Zitate wurde, soweit möglich, auf die Werke des Standard-Repertoires, auf die wahren Klassiker also, zurückgegriffen, wobei Verdi, Puccini und Mozart verständlicherweise der Löwenanteil zufällt.

Ein Buch also, das auf ganz neue Weise an die Weltmusiksprache heranführt und gewiß jeden Opernliebhaber zum genußreichen Schmökern verführt. – Und das für nur DM 14,80!

Michael Blümke: Italienisch für Opernfans (ISBN 3-89416-311-9)
Kauderwelsch Band 107 – REISE KNOW-HOW Verlag Peter Rump GmbH

Kauderwelsch-Sprechführer

gibt's für unheimlich viele Sprachen:

Afrikaans ● Ägyptisch-Arabisch ● Albanisch ● American Slang
Amharisch ● Aussie-Slang ● Bairisch ● Bengali ● Brasilianisch
British Slang ● Bulgarisch ● Burmesisch ● Canadian Slang
Chinesisch (Mandarin) ● Dänisch ● Englisch ● Esperanto ● Estnisch
Finnisch ● Franko-Kanadisch ● Französisch ● Französisch Slang
Französisch für Afrika ● Galicisch ● Georgisch ● German ● Griechisch
Guarani ● Hausa ● Hebräisch ● Hieroglyphisch* ● Hindi ● Hocharabisch
Indonesisch ● Irisch-Gälisch ● Isländisch ● Italienisch ● Italo-Slang
Italienisch für Opernfans ● Japanisch ● Jemenitisch-Arabisch* ● Jiddisch*
Kantonesisch ● Kasachisch ● Katalanisch ● Khmer ● Kisuaheli
Kiwi-Slang ● Kölsch ● Koreanisch ● Kroatisch ● Kurdisch ● Laotisch
Lettisch ● Letzeburgisch* ● Lingala ● Litauisch ● Madagassisch
Malaiisch ● Maltesisch* ● Mandinka ● Marokkanisch-Arabisch
Mongolisch ● More American Slang ● Nepali ● Niederländisch
Norwegisch ● Palästinensisch/Syrisch-Arabisch ● Paschto ● Patois
Persisch (Farsi) ● Pidgin-English ● Polnisch ● Portugiesisch ● Quechua
Rumänisch ● Russisch ● Sächsisch ● Schwedisch ● Schwiizertüütsch
Scots ● Serbisch ● Sizilianisch* ● Slowakisch ● Slowenisch ● Spanisch
Spanisch Slang ● Spanisch für Lateinamerika ● Spanisch f. Argentinien
Spanisch f. Chile ● Spanisch f. Costa Rica* ● Spanisch f. Cuba*
Spanisch f. Ecuador ● Spanisch f. Guatemala ● Spanisch f. Honduras
Spanisch f. Mexiko ● Spanisch f. Nicaragua* ● Spanisch f. Panama*
Spanisch f. Venezuela ● Sudanesisch-Arabisch* ● Tagalog ● Tamil ● Thai
Tibetisch ● Tschechisch ● Tunesisch-Arabisch ● Türkisch
Ukrainisch ● Ungarisch ● Vietnamesisch ● Wienerisch ● Wolof

REISE KNOW-HOW Verlag
Peter Rump GmbH, Bielefeld
* erscheint 1997

Der Autor

Hermann Kayser, Jahrgang 1952, geboren in Bielefeld, hat in Stuttgart und Bielefeld Germanistik, Romanistik und Linguistik studiert. Nach zweijähriger Tätigkeit als Studienrat in den Fächern Deutsch und Französisch an einem Gymnasium im Lipperland, siedelte er vor vielen Jahren nach Frankreich um und lehrte an der Universität Lyon II zuerst als Assistent und dann als DAAD-Lektor deutsche Sprache, Landeskunde und Geschichte.

Bei seiner Arbeit und aus eigener Anschauung wird ihm immer wieder deutlich, welche sprachlichen Probleme Sprachbenutzer einer Fremdsprache im allgemeinen haben. Das gilt ganz besonders für die Umgangssprache der Fremdsprache, weil diese eine Sprach- und Kommunikationsebene darstellt, mit der man im Schulunterricht so gut wie nie in Berührung kommt.

Hermann Kayser hat auch im Bereich der sprachwissenschaftlichen Forschung gearbeitet, insbesondere über "Sprachverstehen und -produktion", "Sprachliche Interaktion" und "Spracherwerb". Er veröffentlichte in diesem Zusammenhang verschiedene wissenschaftliche Arbeiten.

Heute ist Hermann Kayser Lehrer für Deutsch und Leiter der Deutschen Abteilung an der Internationalen Schule in Lyon.